La jeunesse marocaine : un potentiel mal défini

Hicham ABDEDINE

« La question des jeunes est d'ordre structurel et ne doit être abordée que dans le cadre d'une approche de développement humain participatif, concerté (multi-acteurs) impliquant nécessairement les jeunes. »

AIT HADDOUT Ahmed
Expert en économie sociale et solidaire

Remerciements

Je dédie ce modeste travail à mes parents qui m'ont soutenu durant tout mon cursus scolaire. Et par l'occasion je tiens à remercier tous ceux qui ont contribué de près ou de loin à la réalisation de cette recherche, par leurs idées, ou leurs suggestions.

Mes remerciements à l'encadrement au nom de madame **BOUTARKHA Naaima** pour avoir accepté d'encadrer ce thème de recherche et pour tous les aspects techniques et méthodologiques, aux membres de la coordination nationale du Programme Concerté Maroc qui m'ont accueillis parmi eux, et m'ont consacrés leur temps précieux, et aux porteurs des projets qui ont fait sujet de ce mémoire, pour leur accueil et leur amabilité durant les entretiens réalisés sur le terrain.

Mes remerciements s'adressent aux membres du jury pour avoir accepter de juger ce travail :

NADIF Mohammed, professeur et président du Master option Finance et Management des Organisations Economiques et Sociales et Développement humain ;

AITHADDOUT Ahmed, Président du Réseau Marocain de l'Economie Sociale et Solidaire (REMESS).

Résumé

Ce travail se veut une contribution à la question de la jeunesse marocaine : C'est une jeunesse qui connait plusieurs problèmes liés au chômage et à la précarité, etc. Dans cette recherche, nous mettons l'accent sur le rôle et les initiatives prises par l'Etat censées répondre et corriger les dysfonctionnements qui touchent les jeunes. Il s'avère que l'Etat ne peut pas seul remédier à cette situation. Dans cette même optique se dessine le rôle indispensable des organisations de la société civile à travers un ancrage de la coopération internationale. Il devient donc primordial d'adopter une approche pluri-acteurs : une approche concertée en vue de répondre à des problèmes communs. Dans cet objectif, le choix a été mis sur la dynamique du Programme Concerté Maroc (PCM), qui opte pour une action fondée sur l'implication des organisations de la société civile franco-marocaines, aux cotés des pouvoirs publics, dans le but de réfléchir ensemble, et réhabiliter la situation de la jeunesse.

Cette recherche a été focalisée sur les projets du PCM dans sa deuxième phase (2006-2010), pour montrer dans quelle mesure l'approche concertée a bénéficié aux jeunes marocains, et les a rendu des acteurs à part entière dans le développement socioéconomique et humain de leur société. Sur la base de l'analyse de quelques projets, il y'a eu certes des résultats appréciables en matière d'implication des jeunes dans le développement humain et social. Néanmoins le PCM en est encore à son début entrain de s'élargir et d'apprendre de ses expériences passées. De ce fait plusieurs recommandations ont été dégagées pour le futur PCM 3, en vue de surmonter les obstacles et garantir la pérennité du programme.

C'est au travers de trois chapitres que nous tenterons d'amener des éléments d'analyse de notre problématique : La jeunesse marocaine de la participation à l'implication dans le développement humain et social. Le premier chapitre portera sur un état des lieux de la situation socio-économique des jeunes, ainsi que leur rôle dans l'histoire du pays. Ensuite dans le second chapitre, nous allons aborder les réformes initiées par l'Etat en matière de jeunesse. Enfin, un troisième et dernier chapitre mettra l'accent sur l'analyse de l'impact des projets du PCM sur les jeunes.

Mots clés : jeunesse, Maroc, concertation, cofinancement, emploi, chômage,

Programme Concerté Maroc.

Table des matières :

Remerciements...3

Résumé 4

Liste des sigles et abréviations 7

Méthodologie de travail...8

Introduction générale 10

Chapitre 1. Histoire et état des lieux de la jeunesse Marocaine......................13

   I.   Le rôle de la jeunesse dans l'histoire du pays 13

   II.   Une population majoritairement jeune 15

   III. Les jeunes dans l'économie...16

        1.   Le Chômage des jeunes 16

        2.   L'emploi des jeunes 19

   IV. Analyse Sociologique..21

        1.   En matière d'éducation 21

        2.   La pauvreté et l'immigration clandestine 23

        3.   Les jeunes et la politique 25

Chapitre 2. Le rôle et les réformes de l'Etat au niveau   Social (1999 – 2011)............28

   I.   Lancement de l'Initiative Nationale pour le Développement Humain (INDH)..............28

   II.   La Promotion de l'emploi 30

        1.   L'adoption de la Charte de la petite et moyenne entreprise 30

        2.   La réforme du code de travail 30

        3.   Insertion directe des diplômés chômeurs......................................31

   III. La mise en œuvre de la charte de l'Education Formation...........................31

        1.   Axes Stratégiques...31

        2.   Quelques Chiffres 32

   IV. La promotion de l'activité du Microcrédit...34

   V.   Le système d'accompagnement et de création d'entreprises pour les jeunes............35

1. Démarrage officiel du premier incubateur féminin au Maroc 35

2. Association Maroc Telecom pour la création d'entreprises et la promotion de l'emploi 36

3. Les Centres Régionaux d'Investissement 36

4. Le programme Moukawalati 37

VI. Le lancement de la stratégie intégrée de la jeunesse 38

1. Le diagnostic 38

2. Les forums régionaux de jeunes 39

3. Les critères de sélection 39

VII. Origine et fondement du Programme Concerté Maroc 41

Chapitre 3. Cas du Programme Concerté Maroc : la recherche action réalisée sur les projets de développement 45

Section 1 : PCM 2 et constats des entretiens effectués sur terrain 45

I. Qu'est ce que la Capitalisation 45

II. Quelques constats préliminaires 46

1. La concertation pluri-acteurs 46

2. L'implication de la jeunesse 47

Section 2 : Analyse des Projets de Développement du PCM 2 49

I. Agir sur la jeunesse par une approche concertée 49

II. Impliquer les jeunes dans le processus du développement humain 52

III. Cofinancement des projets du Programme Concerté Maroc 55

Conclusion 62

Annexes 65

Bibliographie 75

Liste des sigles et abréviations

BIT : Bureau International du Travail

CCFD : Comité Catholique contre la Faim et pour le Développement

CNLRQ : Comité National de Liaison des Régies de Quartiers

CR : Commune Rurale

CRED : Centre des Recherches et des Etudes Démographiques

CRI : Centre Régional d'Investissement

CU : Commune Urbaine

Copil : Comité de Pilotage

FAIR : Fond d'Appui aux Initiatives Régionales

FAP : Fond d'Appui à Projet

FMI : Fond Monétaire International

FNUAP : Fond des Nations Unies pour la Population

HCP : Haut Commissariat au Plan

IDH : Indice de Développement Humain

INDH : Initiatives Nationale pour le Développement Humain

JTC : Jeunesse Territoire Citoyenneté

ONU : Organisation des Nations Unies

OSC : Organisations de la Société Civile

PAS : Programme d'Ajustement Structurel

PCM : Programme Concerté Maroc

PCP : Programme Concerté Provincial

PCPA : Programme Concerté Pluri-Acteurs

PNUD : Programme des Nations Unies pour le Développement

UNICEF : Fond des Nations Unies pour les Enfants

UNIFEM : Fond des Nations Unies pour la Femme

Méthodologie de travail

1. Le choix du thème de la jeunesse :

Le choix de la problématique de la jeunesse marocaine est lié au fait que l'auteur même de ce mémoire fait partie de cette catégorie de la population. Une jeunesse souvent marginalisée et loin d'être impliquée dans la prise de décision, parce qu'on ne la considère pas comme une force de proposition, et de contribution au développement du pays. De plus la jeunesse connait beaucoup de problèmes, tel que le chômage, la marginalisation, la sous-représentation dans les instances politiques. Nous cherchons dans ce mémoire à relever les problèmes vécus par ces jeunes, comment les initiatives de l'Etat ont répondu à ces problèmes, et quel rôle du système de coopération international à travers le cas du PCM.

2. Méthodes spécifiques :

La mission consistait à faire :

- o Une Collecte documentaire ;
- o Des Entretiens individuels et collectifs ;
- o Une rédaction de fiches de synthèse ;

Une première rencontre a été organisée avec l'équipe du Bureau du Programme Concerté Maroc pour faire un peu connaissance avec l'équipe du Bureau opérationnel, et aussi avoir une idée sur le planning de la mission.

Une formation accélérée sur la Capitalisation des expériences a été faite par le consultant de Capitalisation du programme en France : le but était de comprendre la tache assignée, pour bien mener les entretiens.

Après une analyse documentaire, et une présentation de fiches synthétisées sur les documents analysés, un planning a été mis en place pour les entretiens sur terrain, des visites ont été organisées en coordination avec les acteurs à interviewer.

La Capitalisation a été basée sur trois axes : la gouvernance internationale du PCM, l'accompagnement de la jeunesse marocaine et la qualification des acteurs, notre recherche mettra le point sur le deuxième axe dans un cadre de concertation pluri-acteurs, puisqu'il s'agit de la philosophie du PCM pour agir au profit des jeunes marocains. De ce fait des entretiens ont été effectués auprès des acteurs membres du PCM, avec des questions spécifiques et déclinées pour chacun d'eux, dans ce même cadre, nous avons effectué des entretiens avec les porteurs des trois projets qui font l'objet de ce mémoire :

- Un entretien collectif effectué à Khénifra avec les porteurs du projet Cré'Acteurs ;
- Des entretiens individuels ont concernés : le délégué de l'Entraide Nationale de Jerada et le référent jeune du Programme Concerté Provincial de Jerada ;
- Des entretiens avec le trésorier et le responsable administratif et financier de l'Espace Associatif, dans le cadre du projet JTC.

Ces entretiens ont pour objectif de répondre aux questions suivantes :

- Comment la Concertation de plusieurs acteurs peut dynamiser la situation des jeunes ?

- Dans quelle mesure les jeunes ont été impliqués, en tant que bénéficiaires et acteurs dans leurs projets ?

- Quelles sont les retombées de la logique du Cofinancement sur les projets destinés aux jeunes ?

3. Difficultés rencontrées :

Parmi les difficultés rencontrées durant l'élaboration de ce mémoire, nous avons retenu les suivantes :

- La rareté des enquêtes portant sur la jeunesse, souvent les informations sur les jeunes sont à rechercher dans des enquêtes nationales portant sur des questions impliquant la population en général (emploi, mariage...), la population active urbaine ou rurale etc.
- Dans le cadre des entretiens menés sur le terrain, nous avons été confrontés à certains associatifs qui font parti des projets du PCM, et qui ne le connaissent pas bien, et donc leurs réponses aux questions n'ont pas été prises en compte.

Introduction générale

Le rapport mondial de l'ONU de l'année 2007 sur la jeunesse comporte de nombreux avertissements concernant les menaces qui pèsent sur le développement de la jeunesse.

Ce rapport stipule que 1,2 milliard de personnes en 2007 sont âgées de 15 à 29 ans, et que cette jeunesse est la mieux éduquée de l'histoire. Il relate aussi que les réalités vécues par celles-ci sont pourtant alarmantes, et il expose de nombreuses données significatives, par exemple :

- 200 millions de jeunes vivent avec moins d'un dollar US (8 dirhams) par jour ;
- 130 millions de jeunes sont analphabètes ;
- 10 millions de jeunes sont atteints du VIH (SIDA) ;
- 88 millions de jeunes sont au chômage ;

Les jeunes constituent, selon l'ONU, 18% de la population mondiale et sont une ressource importante pour le développement des nations. D'où l'enjeu capital pour toutes les politiques publiques d'être en harmonie avec les besoins, les exigences et la réalité de cette couche de la société.

Les questions liées à l'éducation, la santé, l'emploi, la lutte contre la pauvreté, les droits de l'homme (…) constituent des enjeux prioritaires pour la jeunesse. C'est ce qui fait du domaine de la jeunesse un espace favorable aux « politiques intégrées », tout en sachant que cette approche est la plus répandue dans de nombreux pays. Ces politiques sont gérées par des agences nationales (indépendantes ou collectives) qui englobent les diverses parties actives de la société, y compris la société civile.

Notre étude porte sur le cas de la jeunesse Marocaine, une jeunesse qui a évolué à travers le temps de façon fluctuante et constitue à la fois un atout important pour le pays, et sa chance pour l'avenir. Selon le rapport du cinquantenaire de 2006, les jeunes de moins de 30 ans représentent 60% de la population. Cette population jeune souffre d'un chômage massif et d'une précarité de l'offre d'emploi. En matière d'éducation, les jeunes souffrent encore de l'analphabétisme, et d'une insuffisance en termes d'accès à une éducation de qualité (etc.).

Bien qu'aucune politique ou stratégie nationale multisectorielle de jeunesse n'ait encore été développée, il semble qu'il y'a actuellement un environnement politique favorable et une volonté de différents secteurs gouvernementaux pour prêter une attention soutenue aux problèmes des adolescents et des jeunes adultes. L'analyse des différentes politiques menées en faveur des jeunes montre que ceux-ci sont au centre des préoccupations des décideurs marocains.

Toutefois, l'approche adoptée pour apporter une réponse aux besoins des jeunes reste sectorielle et ne prend pas en considération l'interaction des problèmes entre eux et leur incidence sur le devenir de la société. Il faut noter aussi que « *depuis les années 1970 les crises économiques et l'augmentation des déficits publics, l'ouverture des marchés et l'incidence de la mondialisation, etc., ont favorisé un profond réexamen du rôle de l'Etat dans la plupart des pays du monde* ». En effet, l'Etat semble, aujourd'hui, de plus en plus incapable de faire face seul aux défis étroitement liés à la persistance du chômage, aux nouvelles formes de pauvreté, aux exigences en matière de droit de l'homme, et la dégradation de l'environnement.

Constat majeur, est celui du rôle de plus en plus important que peuvent jouer les programmes de coopération internationale au Maroc. Ces derniers travaillent sur des questions liées à ce qui est déjà cité plus haut. Leur objectif est de rassembler les différents acteurs de la société (associations, coopératives, élus locaux, ONG, pouvoirs publics.etc.), en vue de résoudre ensemble des problèmes communs. Dans notre étude, nous allons nous focaliser sur le cas du Programme Concerté Maroc.

Rappelons que le plan du Mémoire s'articulera autour de trois chapitres, un chapitre premier qui portera sur l'état des lieux de la jeunesse marocaine. Un deuxième chapitre se focalisera sur les réformes de l'Etat qui ont été lancées pour remédier aux déséquilibres humains et sociaux, et qui ont inclus la jeunesse marocaine. Enfin, le troisième chapitre portera sur la partie pratique du mémoire, il s'agira de la recherche action qui a été faite dans le cadre du chantier de la capitalisation des projets de développement, qui sont destinés aux jeunes ciblés par le programme. De plus, nous allons effectuer une analyser de trois projets de développement. Cette analyse a été basée sur plusieurs entretiens avec les présidents et les chefs de projets des associations membres, également avec les responsables de la coordination nationale, ainsi que les jeunes référents (etc.). L'objectif étant de déterminer l'impact de la philosophie du PCM sur les jeunes.

Chapitre 1. Histoire et état des lieux de la jeunesse Marocaine

La jeunesse constitue un atout incontestable pour le pays. Selon le rapport du cinquantenaire, les jeunes de moins de 30 ans représentent 60% de la population. Au delà de leur catégorisation statistique, les jeunes représentent un potentiel humain considérable, dont la valorisation constitue un défi crucial pour le pays. Paradoxalement, cet important potentiel d'avenir est mal connu en termes sociologiques et culturels. Le déficit de connaissance que le Maroc a accumulé sur sa jeunesse est patent et doit être comblé si l'on veut être à la hauteur des attentes.

I. Le rôle de la jeunesse dans l'histoire du pays

A travers le passé la jeunesse marocaine s'est rassemblée autour d'une question incontournable, celle de la libération du pays.

Le nationalisme a lutté contre le protectorat, en tissant tout un réseau de résistances dont l'objectif principal était l'indépendance autour de laquelle il y'avait un consensus total du peuple et du Roi (Ikken, 1999). La volonté de la libération était portée sur les épaules des jeunes marocains (étudiants, militants, ouvriers, ou encore de simples citoyens). Les animateurs du nationalisme étaient jeunes pour la plupart. Leur âge ne dépassait guère 20 ans. On pourrait citer quelques noms de ces jeunes résistants qui devaient marquer, plus tard, l'histoire marocaine (Omar Ben Abdeljalil, Abdelaziz Ben Driss, Ahmed Cherkaoui, Mehdi Benbaraka, Abderrahim Bouabid...), (Ikken, 1999).

Sur la base de la présentation du manifeste de l'indépendance du 11 janvier 1944, ce dernier a été marqué par une forte présence de jeunes, entre résistants nationalistes, cadres, et intellectuels, *« 70% des jeunes signataires avaient un âge compris entre 15 et 35 ans »* (...).

Les jeunes par contre se sont rassemblés sous l'initiative du nationalisme, la formation se faisait dans des petits groupes, sous forme d'associations théâtrales, et sportives, dont les buts étaient apparemment éducatifs, mais dans la réalité, ces petits groupes étaient de véritables foyers nationalistes, qui facilitaient la circulation des idées, et également constituaient un réservoir de formation et de recrutement des jeunes militants (Ikken, 1999).

En 1932, une Association dénommée « Union sportive de Rabat-Salé » (Mernissi, 2008), a été créée. Elle constitue le véritable lancement d'un mouvement associatif de la jeunesse marocaine.

La véritable structuration de la jeunesse marocaine s'est réalisée après la libération du pays, en 1956. Deux des plus grands mouvements de la jeunesse ont vu le jour à savoir l'Association Marocaine d'Education de la Jeunesse (AMEJ), et Toffola Chaâbia (Mernissi, 2008).

A cette époque, les jeunes étaient plus conscients du rôle qu'ils devaient jouer au sein de leur pays libéré, leur rôle s'était concrétisé dans plusieurs projets économiques et sociaux : reboisement, opération école, lutte contre l'analphabétisme... Des exemples de responsabilité, et d'implication des jeunes dans la construction et la réalisation de l'essor du pays, telle que la participation en 1957 de 12 000 jeunes à la construction de la route de l'Unité (*Al-Wahda*). La plus grande mobilisation de la jeunesse que le Maroc a connue en 1975 était la Marche Verte qui avait mobilisé toute la jeunesse Marocaine : 75 % (Ikken, 1999) des marcheurs avaient moins de 25 ans.

Depuis les années 80 et le début des années 90, le Maroc est entré dans une phase de déficit public dû à l'application du Programme d'Ajustement Structurel (PAS), et qui de plus a entrainé des conséquences néfastes au niveau social qui ont touché la jeunesse, tel que l'augmentation du chômage, et de la pauvreté, etc.

Ci-après, nous allons voir les facteurs démographiques qui ont favorisé l'importance de la catégorie des jeunes.

II. Une population majoritairement jeune

La démographie marocaine précoloniale suivait un régime démographique quasi- naturel, elle connaissait des fluctuations causées par la fréquence des crises démographiques, ces dernières liées à un phénomène naturel (sécheresse, épidémies, etc.), et aussi à un facteur politique comme les invasions étrangères.

Au début du 20ème siècle la pyramide des âges au Maroc se caractérise par une base large, notons ainsi l'importance de la tranche d'âges située entre 10 et 24 ans.

Plusieurs facteurs peuvent justifier cette tendance : l'amélioration des conditions de vie et d'hygiène, l'accroissement très sensible des connaissances médicales ainsi que le développement des mesures préventives et curatives.

Il faut noter que l'espérance de vie à la naissance est passée de 67,9% à 72,9% entre 1994 et 2009. Et dans une autre optique le taux d'alphabétisation de la population âgée de 10 ans et plus a évolué de 45% à 60,3% sur la même période, marquant ainsi le passage à une population mieux instruite et consciente quant aux préventions contre les maladies infantiles, et aux exigences nutritionnelles pour préserver l'état sanitaire des descendants.

Ceci s'est accompagné par le progrès en termes d'équipement médical et d'infrastructures hospitalières. Ajoutons à cela que le nombre d'habitants par médecin a baissé de façon importante entre 1994 et 2008 passant de 2933 à 1611 habitants par médecin. Donc ces résultats confirment la baisse du taux de mortalité infantile de 57‰ à 32,2‰ entre 1991 et 2009.

L'ensemble de ces éléments combinés les uns aux autres, ont favorisé un environnement propice à l'augmentation de la masse des jeunes, cette dernière qui nécessite une attention particulière, vu qu'elle soufre de plusieurs problèmes, tel que ceux liés à l'emploi, à la pauvreté et à la persistance du chômage, etc.

Dans la partie qui va suivre, nous allons mettre la lumière sur les problèmes rencontrés par les jeunes en termes de chômage et d'emploi.

III. Les jeunes dans l'économie

1. Le Chômage des jeunes

La question du chômage ne peut être abordée sans se référer à plusieurs critères, qui sont : l'évolution de la structure du marché de travail, l'évolution du progrès technique, la qualification de la main d'œuvre, et également la structure de la pyramide des âges du pays.

En effet le marché du travail est un lieu abstrait où se confronte l'offre et la demande d'emploi. Lorsque la demande sur ce marché diminue le chômage augmente. Les crises économiques constituent une cause majeure du chômage, car les entreprises qui sont touchées par la crise cherchent à réduire leurs coûts de production en procédant à des licenciements. Une autre cause est la substitution du capital au travail : en raison de l'évolution du progrès technique qui pousse les entreprises à remplacer l'Homme par la machine, et ce pour des soucis de productivité.

D'autre part même en présence d'importants investissements la question de la qualification est incontournable, les entreprises cherchent des profils qualifiés et bien formés pour assurer la pérennité de leurs organisations. Cet objectif est parfois difficile en raison des problèmes que le pays connait en matière d'éducation, tel que la présence d'un taux élevé des non diplômés. Près de 65,2% de la population active ne dispose d'aucun diplôme.

En outre, la structure des âges de la population est cruciale, car la présence d'une population majoritairement jeune, exige des investissements important de la part de l'Etat, et lorsque ce dernier n'arrive pas à créer ces investissements, les jeunes et plus particulièrement les diplômés sont en situation de chômage.

En effet, le chômage au Maroc touche surtout les diplômés, plus spécifiquement les femmes avec 70,7%. Cela peut être justifié par le fait que les femmes ne s'intègrent pas facilement dans la majorité des fonctions comme les hommes, ces derniers en tendance à accepté des fonctions quelque soit leur nature et leur degré de difficulté ainsi que la situation géographique. Il faut noter aussi que les femmes constituent la tranche la plus diplômée avec 14,4% par rapport aux hommes 10,3%. On assiste donc à une nouvelle catégorie de femmes carriéristes dont le cycle d'étude augmente de plus en plus. Il faut savoir également que les jeunes diplômés sont les plus touchés par le chômage surtout la tranche de 15 à 24 ans (57,9%), suivi de la tranche d'âge de 25 à 34 ans (32,6%) puisqu'il s'agit de la population la plus nombreuse, et celle dont les attentes sont beaucoup plus exigeantes quant aux postes à occuper.

De façon générale et en observant l'évolution du taux de chômage de l'année 2005, 2008 et 2010, nous remarquons une tendance globale à la baisse, le taux de chômage national est passé entre 2005 et 2010 de deux chiffres (11%) à un seul chiffre (9,1%). Cette tendance est justifiée par les initiatives prises par l'Etat tel que l'encouragement de l'investissement, le lancement de l'INDH en 2005 et également la mise en œuvre de la nouvelle charte de l'emploi (cf. chapitre 2).

Si on fait la comparaison entre le milieu urbain et rural, nous remarquons que le taux de chômage national en 2010 est de 9,1%. Ce taux est la moyenne nationale qui comprend celle du milieu urbain de 13,7% et celle du milieu rural avec 3,9% seulement. Le taux de chômage rural tire la moyenne vers le bas, en ce sens le vrai taux de chômage qui doit être pris en compte est celui du milieu urbain 13,7%.

De plus, la tranche d'âge de 15 à 24 ans en milieu urbain subit un chômage de 31,3%, alors qu'il est seulement de 8,4% en milieu rural. Concernant la tranche d'âge de 25 à 34 ans, elle subit un taux de chômage de 19,1% dans les villes. Ce taux est seulement de 4,4% dans les compagnes.

De façon claire, les centres urbains sont donc les lieux de forte contestation. On assiste à des jeunes de plus en plus formés, ouverts sur le monde, du fait du développement des technologies de l'information, et donc ils rejettent des emplois qui ne correspondent pas à leurs aspirations. Par contre les jeunes du milieu rural ont tendance à occuper des activités saisonnières quelque soit leur nature, contrairement à leur homologues urbains.

2. L'emploi des jeunes

La question de l'emploi est liée à plusieurs facteurs. Tout d'abord elle est fonction du niveau d'éducation et de qualification de la population du pays, elle est liée également à la politique d'ouverture en termes d'investissements étrangers, et d'autre part, à la répartition géographique de l'emploi.

De façon générale les créations d'emploi se font essentiellement en milieu urbain. En effet, la dernière décennie a été marquée par la création de 1,56 millions d'emplois dont 69% ont été créés dans les villes, alors que 31% ont concerné les campagnes. Ce qui est tout à fait normal puisque ce sont les villes qui offrent le plus d'opportunités d'emplois en présence d'une forte industrialisation, des entreprises, et des administrations, etc.

Il est à signaler que dans le grand Casablanca, 28 000 emplois sont créés chaque année, 17 000 nouveaux emplois annuels dans la région de Marrakech –Tensift-Al Haouz, tandis que la région de Tadla-Azilal perd chaque année 1000 postes par an en moyenne. En se basant sur les tranches d'âge, du fait que les jeunes sont exigeants en matière de postes à pourvoir, les emplois créés durant la dernière décennie ont profité plus aux adultes âgés de 30 à 59 ans avec 158 000 emplois en moyenne annuellement depuis l'année 2 000. Par contre chez les jeunes de 15 à 29 ans 9 000 emplois ont été perdus chaque année.

La délocalisation des unités de production de bien et de services ont beaucoup contribué à la création d'emplois au Maroc, notamment la dynamique de l'Offshoring. Un exemple est celui des centres d'appel qui emploient plus de 30 000 salariés au niveau national, mais il reste pour les jeunes un tremplin, et source pour financer leur quotidien.

« J'ai intégré le métier des centres d'appel, seulement pour assurer le financement de mes études supérieures, et non pas pour construire une carrière, à mon avis c'est un travail très stressant même s'il est bien rémunéré, et dés que j'aurais mon diplôme je vais chercher un poste qui correspond bien à mon profil universitaire ». Khaled, 24 ans, Rabat.

Mais certains jeunes l'ont pris comme une carrière, et ne souhaitent pas le changer même contre un emploi dans le public, justifiant cette préférence par le fait que les centres d'appel offrent par exemple au titulaire d'un bac+2 un salaire 2 fois celui de la fonction publique.

« *C'est vrai que je suis titulaire d'une licence en droit, et je sais que beaucoup de jeunes manifestent devant le parlement chaque jour, pour intégrer la fonction publique, mais moi je souhaite travailler dans le centre d'appel, car j'ai deux enfants, un loyer et j'ai acheté une voiture à crédit, seul un salaire comme celui que je reçois me permet de faire face aux charges très lourdes de la vie* ». Nadia, 26 ans, Temara.

Nous constatons qu'au niveau de l'emploi, il s'agit plutôt des préférences des jeunes quant au secteur dans lequel ils souhaitent travailler. En 1992, selon le Haut Commissariat au Plan 87 % des jeunes diplômés en chômage préféraient travailler dans le secteur public dont 30 % au Ministère de l'intérieur. Seuls 2 % optaient pour le secteur privé, car communément les jeunes pensent que le secteur privé est fragile et peu sûr. Mais avec la persistance du chômage, les exigences de la vie et l'évolution des besoins de consommation, les jeunes commencent à changer leurs attitudes en optant de plus en plus pour des initiatives privées (Chattou, 2003).

Dans une autre optique, on assiste à une dépréciation des diplômes, comme exemple la licence n'a plus la valeur qu'elle avait il y'a longtemps, et cette dépréciation est proportionnelle à la dégradation du niveau de l'enseignement et également aux exigences des entreprises en matière de qualification et de compétence. Donc, les jeunes étudiants commencent à sentir cette frustration, ils sont donc contraints par le fait qu'ils doivent prolonger leur cycle d'études et avoir de hauts diplômes s'ils veulent intégrer un poste intéressant et bien rémunéré.

Un autre problème qui bloque l'emploi des jeunes, c'est celui du réseau familial et de la corruption, les diplômes même s'ils sont souvent de niveau supérieur, s'avèrent insuffisants. Beaucoup de jeunes étudiants affirment l'importance de l'intermédiaire ou encore le terme le plus utilisé dans la société (le Piston), pour accéder à un emploi. C'est ce qui crée plus de frustration chez les jeunes diplômés en supérieur, c'est le fait d'emploi basé sur les connaissances et les réseaux familiaux, et qui mènent à des dysfonctionnements au sein de l'entreprise du fait de l'inadéquation du profil avec le poste à pourvoir, ou de l'incompétence de la personne recrutée. Et même nous assistons à des recrutements par des entreprises privées, non justifiés par le mérite ou la compétence, seulement sur des critères physiques, plus particulièrement liés aux jeunes femmes. Certaines entreprises privées exigent lors des entretiens d'embauche que les jeunes femmes voilées par exemple, enlèvent leurs voiles, si jamais elles veulent être admises au sein de l'entreprise. Parfois les recruteurs abusent de leur pouvoir de recrutement en vue d'exploiter le besoin des jeunes femmes d'un travail, ce qui conduit souvent à des harcèlements sexuels.

En plus de la problématique du chômage et de l'emploi des jeunes, il y'a d'autres problèmes d'ordre sociologique vécus par les jeunes, tels que les problèmes liés à l'éducation, la pauvreté et l'émigration, et que nous allons voir ci-après.

IV. Analyse Sociologique

1. En matière d'éducation

L'éducation est censée être un critère de développement des nations, dans la mesure où elle est le précurseur de l'amélioration des conditions de vie de la population. Cette dernière en étant bien formée, peut accéder facilement à un emploi, d'autant plus l'éducation figure parmi les trois critères de l'IDH qui permettent de classer les pays selon l'ordre de développement humain. Le Maroc a été classé en 2008, au 130ème rang sur 182 pays au niveau du développement humain, et c'est le secteur de l'éducation qui l'a entre autres pénalisé. De ce fait, le pays compte parmi les nations à faible IDH, et ce, malgré les efforts consentis depuis l'année 2004 (cf. chapitre 2) qui ont contribué à améliorer le développement humain au Maroc.

Le système éducatif a rencontré ses limites en matière de résolution du problème du chômage. Le Maroc est l'un des rares pays qui n'ont pas instauré un système d'évaluation des apprentissages. Et la Banque Mondiale a classé le Maroc dans les derniers rangs à coté du Djibouti, du Yémen et de l'Iraq.

En se focalisant sur les chiffres, la proportion des diplômés est passée de 30,4% à 36,6% entre 1999 et 2009. Le taux d'alphabétisation de la catégorie des jeunes à âges de 15 à 24 ans est passé de 62,5% à 79,5% sur la même période, ceci est dû à l'attention particulière accordée par la haute autorité au domaine de l'alphabétisation, notons qu'il y'a eu création de deux directions, à savoir la Direction de l'Education non Formelle, et la Direction de la Lutte Contre l'Analphabétisme. Du coté de la scolarisation, le Maroc a enregistré une importante évolution concernant l'enseignement primaire de la population de 6 à 12 ans, ainsi le taux de scolarisation de cette catégorie a atteint 90,5%. Pour l'enseignement scolaire collégial, le Maroc a atteint un taux de 44%. Si l'on observe ces deux derniers taux, on peut dire que l'effectif qui accède à l'enseignement collégial ne représente que la moitié de l'effectif scolarisé dans le primaire. Plusieurs facteurs peuvent être avancés : les jeunes quittent le cycle primaire en cours de route, ou bien ils réussissent le cycle primaire, mais n'ont pas la possibilité d'intégrer le cycle collégial, pour des soucis financiers. Plusieurs d'entre eux quittent l'école pour travailler et aider leurs familles, les garçons travaillent en tant qu'apprentis par exemple dans la menuiserie, la mécanique, etc. Concernant les filles, elles sont beaucoup plus orientées vers le travail domestique, en tant qu'aides ménagères. Ceci à plusieurs conséquences négatives sur cette catégorie de la population, car ils sont exposés à la manipulation dans des travaux forcés contre une somme d'argent minime, et également à l'exploitation sexuelle.

En matière de formation professionnelle, les résultats sont importants, il faut noter que l'effectif a presque doublé en nombre de stagiaires, entre 1999 et 2009, passant ainsi de 130 000 à 252 000 stagiaires. Il est force de constater que l'on évoque tout le temps l'évolution en termes de quantité, mais on ne met jamais l'accent sur l'amélioration de la qualité de l'éducation au Maroc, ce qui a contribué au faible classement du Maroc en matière d'éducation à l'international.

Les problèmes liés à l'éducation et à la difficulté d'accès à l'emploi renforcent la pauvreté et l'immigration des jeunes.

Ci-après nous allons mettre la lumière sur les problèmes liés à la pauvreté et à l'immigration clandestine.

2. La pauvreté et l'immigration clandestine

La pauvreté est une composante structurelle de la situation économique et sociale du Maroc. Liée à l'état de sous développement dans le quel le pays se trouvait au moment de l'indépendance, elle perdure au-delà de la période de mise en application du Programme d'Ajustement Structurel. Confronté à un endettement lourd, le pays est contraint d'adopter de 1983 à 1993 un PAS imposé par le FMI. Ces dix années ont été marquées par la réduction massive des dépenses publiques, le développement des exportations, les politiques de privatisation et parallèlement par la montée de la pauvreté et du chômage.

o La Pauvreté au Maroc :

Depuis le début des années 90, le Maroc s'est trouvé confronté à une situation sociale en perpétuelle dégradation, caractérisée par une pauvreté grandissante et par un creusement des inégalités. La proportion de la population vivant en dessous du seuil national de pauvreté atteint 19% en 2003, contre 13% en 1997. En outre, les inégalités sont importantes. Selon un rapport de l'O.C.D.E sur les perspectives économiques en Afrique 2002, 10% des plus pauvres détiennent 2,6% de la richesse nationale, tandis que 10% des plus riches en possèdent 30,9%.

En termes d'impact, l'amélioration globale des niveaux de vie, conjuguée à la stagnation des inégalités sociales, a sensiblement réduit la pauvreté de 2001 à 2008, « *Le taux de pauvreté absolue a diminué de 6,7% à 3,6% au niveau national, de 2,3% à 1,3% en milieu urbain, et de 12,3% à 6,7% en milieu rural.* ».

En termes d'effectif, si le nombre de personnes vivant en dessous du seuil de la pauvreté s'élève en 2007 à 2,8 millions[17] personnes, il y a lieu de noter que, depuis 2001, 1,7 million de marocains sont sortis de la pauvreté. Dans ces progrès, il est certain que l'impact de l'Initiative Nationale pour le Développement Humain a été d'une portée significative malgré le caractère récent de sa mise en œuvre, la pauvreté a baissé plus rapidement dans les communes rurales ciblées par cette initiative. Entre 2004 et 2007, la pauvreté a baissé dans ces communes de 36% à 21%.

Malgré ces réalisations la pauvreté persiste encore au Maroc et touche les jeunes en particulier puisqu'ils constituent une partie importante de la population du pays, entrainant ainsi d'autres conséquences : par exemple l'émigration non conventionnelle ou conventionnelle à l'étranger en est une. La principale cause, c'est que les jeunes, cherchent à sortir de la précarité, et comme solution ils choisissent d'émigrer à l'étranger. Parmi ces jeunes, on trouve les titulaires de diplômes dans des spécialités qui ne sont pas beaucoup demandées au Maroc, et qui émigrent par exemple au Canda ou en Allemagne... là où leurs compétences sont valorisées.

Un autre fléau est celui de la prostitution des jeunes femmes qui se trouvent dans une situation de pauvreté et de chômage. Il faut signaler que les chiffres des Maladies Sexuellement Transmissibles sont importants, 77% des femmes atteintes ont un âge situé entre 15 à 25 ans, alors que les jeunes hommes représentent 23% seulement.

- o De la pauvreté à l'émigration clandestine

Prés de 2 millions de marocains vivent et travaillent actuellement en Europe. Les marocains se prennent comme destination principale l'Europe, non seulement pour des raisons économiques, mais également pour des raisons psychologiques.

Il faut noter que le Maroc compte parmi les pays africains à forte affluence d'émigrés clandestins, et constitue également un canal de passage pour les émigrés subsahariens.

Chaque jour, de nombreux jeunes marocains entreprennent des voyages dangereux vers les côtés d'Espagne ou les Îles Canaries. Mais, plus souvent qu'on ne le pense ces immigrations n'aboutissent pas à la destination souhaitée, entrainant ainsi des dégâts humains importants en raison des moyens utilisés, et qui ne répondent pas aux normes en vigueur.

En 2002, 90% des jeunes marocains veulent émigrer et vivre à l'étranger et 89% des jeunes entre 20 et 29 ans souhaitent migrer. 60% des femmes déclarent qu'elles n'hésiteront pas à quitter le Maroc pour rejoindre l'Europe. Constat majeur à faire, c'est la frustration des jeunes face à la précarité, ils ont perdu confiance vis-à-vis des politiques publiques et aussi dans les instances représentatives, qui utilisent seulement les voix des jeunes pour accéder aux postes de pouvoir. Mais en contrepartie, ils ne prêtent pas une attention particulière aux attentes des jeunes.

3. Les jeunes et la politique

Au Maroc, la relation des jeunes à la politique reste à appréhender. Malgré les signes de libéralisation politique, les enquêtes menées jusqu'à présent, mettent en évidence la montée de l'abstention et la baisse des adhésions des jeunes aux organisations politiques traditionnelles.

Il est force d'affirmer l'indifférence croissante des jeunes à la politique, en plus de cette indifférence, affirmée d'autres types de rapports positifs à la politique peuvent êtres distingués : celui où les jeunes sont encadrés dans des organisations politiques ou à caractère politique et celui où le rapport à la politique se fait en dehors de toute agence politique. On peut aussi ajouter les nouvelles formes d'actions collectives qui s'inscrivent dans le cadre de la société civile et qui sont souvent présentées comme un palliatif à l'action politique (Rachik, 2006).

Au niveau de l'adhésion des jeunes aux partis politiques, malheureusement il n'ya pas de données précises quant au nombre des jeunes adhérents aux partis politiques, faute de présence d'enquêtes nationales à ce sujet. En 1992, le taux des adhérents parmi les étudiants ne dépassait pas 7 %. D'après une autre enquête menée à l'échelle nationale 32,1 % des jeunes enquêtés savent ce qu'est une association (48 % en urbain et 10 % en rural), 4 % adhèrent à une association (0,7 % en rural) dont 80 % à des associations sportives, culturelles et éducatives et 18 % à des associations à caractère politique (Bourqia, 1992).

En matière du rapport entre la politique et la religion, les jeunes ne veulent pas que la religion se mêle des partis politiques, c'est ce qui a été tiré dans l'enquête récente menée par l'Economiste et Sunergia sur les jeunes d'aujourd'hui.

D'après cette enquête effectuée sur un échantillon de 1020 jeunes issus de différentes villes du royaume, 37% sont contre le fait que la religion guide les partis politiques, 29% sont pour, et 35% des jeunes ont déclaré qu'ils ne savent rien. Ces chiffres nous poussent à émettre quelques suppositions : les jeunes tendent de plus en plus vers la modernisation du fait que les Etats s'inspirent des modèles occidentaux en matière de démocratie, du droit de la femme et du droit de l'enfant (…), ce qui a généré chez les jeunes une culture de modernité de l'Islam, en faisant de lui seulement une pratique secondaire qui doit s'éloigner du champs politique.

D'autre part, il y'a une part de jeunes qui ont copié le modèle parental conservateur, et qui fait que les décisions politiques doivent prendre comme base de départ les valeurs de l'Islam.

De l'autre coté on trouve une part importante des jeunes qui n'ont pas d'opinion. Cela est dû au manque de culture politique et religieuse, qui est lié aux insuffisances éducatives en matière d'éducation à la citoyenneté, avec des programmes fondamentaux souvent superficiels. Ces derniers ne prennent pas en compte le rôle que les jeunes peuvent jouer dans la gestion de la chose publique, à travers le vote, la participation dans la prise de décision, etc.

De plus, il est force d'affirmer que les jeunes peuvent jouer un rôle important dans la prise de la relève au niveau des instances politiques, chose qui ne doit pas rester monopolisée par l'ancienne génération. En effet la plus haute autorité du pays a mis le point sur cette question en ramenant l'âge du vote à 18 ans, cela pour confirmer le rôle des jeunes dans l'avenir du pays, et non pas pour faire des jeunes uniquement un effectif qui permet de rassembler un maximum de voix pour les candidats aux élections.

Pour conclure, tout au long de ce chapitre nous avons analysé les principaux problèmes vécus par les jeunes, des problèmes qui engagent l'avenir de toute la nation, puisque l'essor de cette dernière table sur sa jeunesse. Ajoutons à cela le mouvement des jeunes du 20 février 2011 qui a soulevé la faiblesse des politiques publiques au niveau de la jeunesse. D'où l'importance d'une prise en compte urgente des attentes de cette catégorie de la population. L'Etat a déjà initié plusieurs réformes au niveau économique et social et qui tentent de répondre aux attentes de la jeunesse du Maroc.

Dans le second chapitre nous allons voir les principales réformes qui ont été lancées par l'Etat, pour apporter des solutions aux problèmes économiques et sociaux de la population marocaine, Les réformes ont été destinées notamment aux jeunes, et parmi lesquelles figure la stratégie intégrée de la jeunesse, lancée au cours de l'année 2010.

Chapitre 2. Le rôle et les réformes de l'Etat au niveau Social (1999 – 2011)

Depuis l'intronisation de Sa Majesté Mohammed VI en 1999, les actions des pouvoirs publics en matière de développement social, d'élargissement de l'accès des populations défavorisées aux infrastructures et aux services sociaux de base et de lutte contre la pauvreté, ont connu une intensification particulière, qui s'est traduite par l'amélioration de la plupart des indicateurs sociaux.

Dans ce cadre, nous allons traiter ci-après les principales réformes.

I. Lancement de l'Initiative Nationale pour le Développement Humain (INDH)

L'Initiative Nationale pour le Développement Humain (INDH), a été lancée par Sa Majesté le Roi Mohammed VI, le 18 mai 2005. Elle vise la réduction des déficits sociaux en particulier dans les quartiers urbains pauvres et les communes rurales les plus démunies (équipements et services sociaux de base, tels que la santé, l'éducation, l'alphabétisation, l'eau, l'électricité, l'habitat salubre, l'assainissement, le réseau routier), la promotion des activités génératrices de revenus stables et d'emplois, tout en adoptant une action plus imaginative et plus résolue en direction du secteur informel et l'aide aux personnes en grande vulnérabilité ou à besoins spécifiques.

Cette initiative nationale constitue le défi majeur à relever pour la concrétisation du projet de société et de développement du Maroc. Il s'agit d'un chantier qui repose sur le ciblage des zones et des catégories les plus démunies ainsi que la participation des populations pour une meilleure appropriation et viabilité des projets et des interventions. Elle privilégie l'approche contractuelle et le partenariat avec le tissu associatif et les acteurs du développement local et de proximité.

Depuis son lancement, presque 4 millions de citoyens ont bénéficié de 16.000 projets qui touchent aussi bien les activités génératrices de revenu (AGR), les projets d'appui aux infrastructures de base, les actions de soutien à l'animation culturelle et sportive ainsi que les actions de formation et de renforcement des capacités.

L'enveloppe budgétaire globale allouée à la réalisation des projets inscrits durant les 4 premières années, s'est levée à 9,4 milliards de dirhams au niveau national dont 5,5 milliards de dirhams au titre de la contribution de l'INDH.

Les jeunes ont constitué une partie incontournable de la mission de l'INDH, ils étaient plus particulièrement ciblés en matière d'activités génératrices de revenus, d'animation culturelle et sportive, d'alphabétisation, et également d'ancrage des valeurs de citoyenneté chez les jeunes des quartiers pour les rendre des acteurs dans leurs entourage. On peut prendre des exemples tel que celui des jeunes femmes qui ont bénéficié des formations en tissage, et couture, et dans la même optique elles ont bénéficié d'un financement pour acquérir des machines à coudre. On peut donner un autre exemple concernant les jeunes des quartiers de *Hay Moulay Ismail, et Kariat Ouled moussa*. Les jeunes de ces quartiers sont issus de familles défavorisées, et n'ont pas de qualification. Ils ont bénéficié dans le cadre des projets de l'INDH d'un financement pour acquérir des grandes motocyclettes, destinées pour transporter les marchandises. Ces moyens de transports sont souvent utilisés de façon informelle pour déplacer les individus entre *Hay Moulay Ismail* et *Kariat Ouled moussa* vu que les moyens de transport formel n'accèdent pas au milieu de Hay Moulay Ismail. Et ceci permet à ces jeunes de réaliser une entrée régulière d'argent.

Ci-après nous allons voir les principales modifications qui ont été appliquées au secteur de l'emploi en vue d'améliorer l'intégration des jeunes au marché du travail.

II. La Promotion de l'emploi

La promotion de l'emploi a été placée au cœur de la stratégie de développement économique et social à travers la mise en place des dispositifs et instruments suivants :

L'insertion directe, la formation-insertion, l'insertion par la promotion de l'entreprise et la réforme de l'intermédiation au niveau du marché du travail.

Parallèlement à ces dispositifs, d'autres mesures stratégiques importantes ont été prises et que nous allons voir ci-après.

1. L'adoption de la Charte de la petite et moyenne entreprise

Cette Charte est destinée à soutenir les entreprises dans leurs efforts de restructuration et de développement. Il faut rappeler que la dite Charte institue de nouveaux mécanismes visant la redynamisation de la création de petites et moyennes entreprises à travers notamment le renforcement du processus de garantie des prêts.

2. La réforme du code de travail

Entrée en vigueur en juin 2004, cette réforme constitue une avancée majeure dans la construction de l'Etat de droit et dans l'amélioration de l'environnement de l'entreprise et partant dans la promotion de l'attractivité de l'économie nationale.

En complément à ces mesures, et dans le cadre de la mise en œuvre des recommandations des assises de l'emploi tenues en septembre 2005, un dispositif ciblé de promotion de l'emploi des jeunes diplômes chômeurs a été arrêté. Ce dispositif a visé plus particulièrement l'amélioration de l'organisation et de la gestion du marché de travail, en particulier l'adoption du nouveau code du travail. Outre «Moukawalati» et le microcrédit, destinés à la création d'entreprises, plusieurs programmes ont été mis en place, à savoir «Taahil » ciblant les diplômés chômeurs, et «Idmaj» en tant que mécanisme d'incitation au premier emploi en faveur de l'entreprise.

3. Insertion directe des diplômés chômeurs

Il s'agit du nouveau décret ministériel qui est entré en vigueur juste après la révolution du 20 février 2011, et qui opte pour l'intégration des diplômés chômeurs. Rappelons dans ce sens que ce décret ministériel autorise les administrations publiques et les collectivités locales à recruter, sans concours, les titulaires de diplômes supérieurs dans les cadres et grades correspondant à l'indice de l'échelle 11 conformément aux dispositions réglementaires en vigueur durant les deux années 2011 et 2012. Dans cette même dynamique quelques 4300 diplômés chômeurs ont été recrutés depuis le démarrage de cette initiative. Il faut préciser que les jeunes qui vont constituer des groupes de diplômés chômeurs ou qui participeront à des groupes déjà existants, sont ceux qui vont bénéficier de cette initiative exceptionnelle, et cela afin de faciliter le dialogue avec les autorités compétentes.

Dans ce qui suit nous allons aborder les rénovations apportées par la nouvelle Charte de l'éducation formation.

III. La mise en œuvre de la charte de l'Education Formation

La charte nationale d'éducation et de formation, entrée en vigueur en l'an 2000, se fonde sur une mobilisation nationale pour la rénovation de l'école. La décennie 2000-2009 a été déclarée décennie nationale de l'éducation et de la formation, ainsi le secteur de l'éducation et de la formation a figuré parmi les priorités nationales après l'intégrité territoriale.

La mise en œuvre de la réforme du système d'éducation et de formation s'articule autour des principaux axes stratégiques ci après.

1. Axes Stratégiques

a- La généralisation de l'enseignement à travers notamment :

- la poursuite des efforts visant la généralisation de l'enseignement fondamental et du préscolaire ;

- l'intensification de l'enseignement secondaire, l'objectif a été la généralisation du cycle collégial en 2008, et la fixation d'un objectif de 60%, pour le cycle qualifiant du baccalauréat, pour la fin de l'année 2010.

b- L'amélioration de la qualité des enseignements :

Ceci à travers notamment la refonte et l'amélioration des programmes au niveau du contenu et de la méthodologie avec le renforcement des branches scientifiques et techniques et l'introduction et la diffusion des nouvelles technologies de l'information et de la communication ;

c- L'amélioration de la gouvernance du système d'éducation et de formation à travers notamment :

- l'instauration de la décentralisation et la déconcentration dans le secteur d'éducation à travers la création des Académies Régionales d'Education et de Formation ;

- la consolidation de l'autonomie de l'université consacrée par la loi 01-00 portant organisation de l'enseignement supérieur promulguée par le dahir n°1.00.199 du 19 mai 2000.

d- L'amélioration du financement de la réforme :

A travers la mobilisation des fonds extrabudgétaires notamment dans le cadre de la coopération internationale ainsi qu'une plus grande implication du secteur privé et de la société civile à travers le partenariat, et la mise à contribution des différents partenaires socio-économiques, des ménages ainsi que des Collectivités Locales dans le financement de l'éducation.

2. Quelques Chiffres

Huit ans après le lancement de la décennie de l'éducation, le système d'éducation et de formation a enregistré des avancées réelles sur divers plans. L'enseignement scolaire a été marqué par l'accroissement de ses effectifs dans tous les cycles, la résorption des écarts de scolarisation entre genres et milieux ainsi que diverses avancées pédagogiques. Toutefois, les acquis restent fragiles à cause de nombreux dysfonctionnements persistants.

L'augmentation des effectifs au secondaire collégial et qualifiant de plus de 40% sur les huit dernières années et l'augmentation des taux de scolarisation de 15 points de pourcentage pour toutes les tranches d'âge indiquent que la marche vers l'obligation de scolarité jusqu'à 15 ans est bien prise en compte .

Le taux net de scolarisation des enfants âgés de 4-5 ans dans le préscolaire a atteint 58,9% sur le plan national dont 51,2% pour les filles, et le taux net de scolarisation dans le premier cycle fondamental est passé de 84,6% à 94,6% entre 2000-2001 et 2007-2008. Cette hausse a été plus importante pour les filles, dont le taux net de scolarisation est passé, au cours de la même période, de 80,6% pour se situer à 92,5%. En milieu rural, ce taux est passé de 76,7% à 93,5% pour les deux sexes. Ces évolutions ont nécessité la mise en œuvre d'importants projets physiques puisque le nombre total des établissements de l'enseignement primaire public a atteint en 2007-2008 près de 7.003 écoles et 13.451 écoles satellites. Le réseau des établissements s'est élargi par la création de 790 établissements dans le primaire (671 dans le milieu rural et 119 dans le milieu urbain) durant la période 2000-2008.

Pour ce qui est de l'enseignement collégial, le taux spécifique de scolarisation des enfants âgés de 12-14 ans a atteint globalement 77,1% et 70,6% pour les filles en 2007-2008 contre 60,3% et 52,7% respectivement en 2000-2001. En milieu rural ce taux a atteint 57% globalement et 46,7% pour les filles contre 37,5% et 27,9 respectivement en 2000-2001.

Quant au taux spécifique de scolarisation des enfants âgés de 15-17 ans il a enregistré une nette amélioration passant globalement de 37,2% en 2000-2001 à 49,7% en 2007-2008 et de 32,2% à 45,2% pour les filles. Le nombre total des établissements de l'enseignement secondaire qualifiant public a atteint en 2007-2008 près de 743 établissements (590 en milieu urbain et 153 en milieu rural). Le volet afférent à l'enseignement universitaire, mérite une attention particulière, tant qu'il est vrai que seule une politique de réinvention de l'université marocaine, et d'incitation à la recherche scientifique, permettra de donner à la recherche et au développement leur pleine signification.

Pour remédier aux insuffisances enregistrées en termes d'emploi des jeunes, l'Etat a procédé à la promotion de la dynamique du microcrédit comme alternative, dans le but de doter les jeunes de moyens financiers pour se créer leurs propres activités, dans un cadre de génération de revenus.

IV. La promotion de l'activité du Microcrédit

Dans le but d'encourager la création d'emploi et la promotion d'activités génératrices de revenus pour les populations défavorisées, les pouvoirs publics ont procédé, depuis l'année 2000, à la mise en œuvre d'actions visant le renforcement des capacités institutionnelles et financières des associations de microcrédit autorisées à exercer conformément aux dispositions de la loi n° 18-97 relative au microcrédit promulguée par le dahir n° 1-99-16 du 5 février 1999 (BO n° 4678 du 1er avril 1999).

Le nombre total des bénéficiaires de microcrédits a atteint 1.353.074 en 2007, dont près de 64% de femmes avec une valeur totale des prêts de 5.598 MDH. Les bénéficiaires en milieu urbain représentent 55,3% du total des bénéficiaires, contre 2% pour le milieu périurbain et 42,6% pour le milieu rural. Le secteur de microcrédit mobilise 5150 agents de terrain et 1550 cadres et employés hors terrain.

Le nombre total des prêts distribués depuis la création jusqu'à l'année 2007 a atteint 113 millions environ avec un montant de 19 milliards de dirhams. En termes de qualité de portefeuille, le taux de remboursement s'est situé à 98%.

La dynamique du microcrédit a permis aux jeunes d'améliorer leurs revenus, et le niveau de vie de leurs familles. L'objectif de cette dynamique est de soutenir l'auto-emploi des jeunes, et les aidants à créer des activités génératrices de revenu.

D'après une enquête que nous avons mené nous même dans le bidonville *Sehb Lkayed*, près de *Hay Salam* à Salé, et qui a concerné un échantillon de 100 personnes, dans le cadre de l'impact du microcrédit sur la pauvreté. Les jeunes entre 20 et 34 ans ont constitué 75% de cet échantillon, ces derniers ont affirmé qu'ils sont intéressés par le microcrédit, et sont près à demander un prêt auprès des institutions de microcrédit pour créer leurs propres activités.

Dans la partie suivante nous allons identifier les acteurs d'accompagnement et d'aide à la création des entreprises, qui sont mis à la disposition de la jeunesse marocaine.

V. Le système d'accompagnement et de création d'entreprises pour les jeunes

Il faut noter, que plusieurs acteurs gouvernementaux et non gouvernementaux opèrent au Maroc dans le domaine d'accompagnement et d'aide à la création d'entreprises au profit des jeunes.

1. Démarrage officiel du premier incubateur féminin au Maroc

C'est une initiative de l'association des femmes chefs d'entreprises du Maroc (Afem) qui vise à encourager la création d'entreprises par des femmes porteuses de projets innovants. Ce projet, baptisé "Casa Pionnières", est le premier en son genre dans la région Afrique du Nord-Moyen-Orient (Mena). Son objectif est de contribuer à créer un environnement favorable pour la création d'entreprises au Maroc en intégrant l'approche genre. "Casa Pionnières" s'adresse à toute jeune femme, ayant un projet de création d'entreprise prioritairement dans le secteur des services.

Les candidates sélectionnées bénéficient d'un espace d'accueil et d'aide à la création d'entreprise, incluant des services à des coûts réduits, une logistique matérielle adaptée, un programme d'accompagnement dans l'élaboration et la finalisation technique des projets d'entreprise, une formation en fonction des besoins identifiés, le suivi par des conseillers et l'accès à des réseaux de chefs d'entreprises nationaux et internationaux.

Ce projet est soutenu par plusieurs partenaires gouvernementaux et organisations internationales, dont notamment le Ministère des Habous et des Affaires Islamiques, l'UNIFEM, le PNUD, l'Agence Espagnole de Coopération Internationale, le Centre Régional d'Investissement (CRI) de Casablanca, le réseau Maroc entreprendre, la Fondation BCP pour la création d'entreprises et certains groupes privés. L'Afem est une association indépendante créée en 2000 en vue d'offrir aux femmes chefs d'entreprises un cadre leur permettant de contribuer à l'essor de l'économie nationale, d'encourager l'action entrepreneuriale féminine, d'orienter, d'encadrer et d'assister la femme entrepreneur dans sa recherche de la compétitivité requise pour toute entreprise.

2. Association Maroc Telecom pour la création d'entreprises et la promotion de l'emploi

Sa mission est d'aider les jeunes talents à concrétiser leurs projets de création d'entreprises génératrices d'emplois et de revenus. Il s'agit d'un prêt plafonné à 100.000 dirhams sans intérêts, avec un apport personnel de 10 %. Les bénéficiaires sont les jeunes âgés de 20 à 39 ans, diplômés d'études supérieures ou disposant d'un diplôme de formation ou d'une expérience professionnelle.

- o Secteur d'activités : tous les secteurs d'activité présentant un potentiel de création d'emplois (commercial, artisanal, industriel, agricole, services) ;
- o Types de projets : technologies de l'information, cyber, mécanique automobile, broderie, métiers du bâtiment, production agricole, élevage...
- o Nature du projet : création uniquement.

3. Les Centres Régionaux d'Investissement (CRI)

La création des CRI a été mise sous la responsabilité des Walis des Régions. Les CRI sont parmi les mécanismes que les pouvoirs publics ont veillé à mettre en place pour le développement de l'investissement tant à l'échelon national que régional. Ils ont été mis en place pour orienter et accompagner les jeunes porteurs de projets qu'ils soient nationaux ou bien des jeunes résidents à l'étranger.

Le rôle des CRI ne se limite pas à la mission traditionnelle du guichet unique, mais englobe des missions plus larges telle que la mise à la disposition des opérateurs économiques de données et informations à caractère économique qui puissent aider à valoriser les potentialités des régions où ils opèrent.

4. Le programme Moukawalati

La mission du programme est de contribuer à la réduction progressive du taux de chômage moyennant l'appui à la création d'entreprises génératrices de richesses et d'emplois en adéquation avec les exigences et les spécificités au niveau régional. Egalement assurer la pérennité progressive du tissu économique régional par un dispositif de suivi des entreprises créées au cours de la période de démarrage.

Le réseau de guichets du programme Moukawalati a été élargi à 183 guichets. Le nombre de conseillers a été également revu à la hausse, avec 112 nouveaux conseillers. Il s'agit de redonner confiance aux jeunes, dont bon nombre ont été dissuadés par la bureaucratie et d'autres obstacles. Le plus important dans ce plan de relance c'est qu'il est ouvert aussi aux non-diplômés, il est ouvert à tous les porteurs de projets. Le programme vise une tranche de population âgée entre 20 et 45 ans, ajoutons à cela que deux personnes peuvent s'associer et ramener le projet à un montant inférieur ou égal à 500.000 DH. Il faut signaler que les jeunes porteurs de projets bénéficient d'un accompagnement avant et après la création de leurs projets.

En plus de l'ensemble de ces initiatives, les pouvoirs publics ont tablé sur le partenariat avec des ONG et des programmes de coopération internationale, en vue de répondre aux attentes des jeunes marocains. C'est dans cette optique que la stratégie intégrée de la jeunesse à été lancée.

VI. Le lancement de la stratégie intégrée de la jeunesse

Le Ministère de la Jeunesse et des Sports a lancé le processus d'élaboration de la stratégie nationale intégrée de jeunesse avec l'appui technique de trois organisations du système des Nations Unies, l'UNICEF, Le FNUAP et le PNUD qui ont octroyé 1 million de dollars à cette opération (pour sa mise en œuvre effective par les collectivités locales).

Prenant en considération que les jeunes sont au cœur des enjeux stratégiques en termes de participation à l'essor économique, à la promotion de la citoyenneté et d'un projet de société moderne, démocratique piloté par les droits, le Ministère de la Jeunesse et des Sports, dans le cadre d'une action gouvernementale concertée, a lancé les travaux d'élaboration de la stratégie nationale intégrée de jeunesse. Ce processus est mené avec l'appui d'un comité multisectoriel où sont représentés les différents départements concernés, 10 ministères, des collectivités locales, 15 associations nationales, et plusieurs associations de jeunes, avec l'appui technique de trois organisations du système des nations unies.

Après un travail de recherche et d'analyse qui a permis de fixer les objectifs de cette stratégie, ses acteurs et ses champs d'intervention, le Ministère de la Jeunesse et des Sports avec l'ensemble des partenaires concernés a arrêté les étapes clés de conception de cette stratégie à savoir : le diagnostic, l'organisation des fora régionaux de jeunes, la tenue des assises nationales de jeunesse et l'élaboration d'une charte nationale de jeunesse.

Plus précisément, ces étapes se présentent comme suit :

1. Le diagnostic

Il va permettre l'analyse de la situation actuelle des jeunes au Maroc à travers une revue documentaire et des entretiens avec l'ensemble des parties prenantes concernées. Il sera complété à travers la réalisation d'un benchmark international avec les expériences de l'Espagne, de la Finlande, de la France et de la Tunisie.

2. Les fora régionaux de jeunes

16 fora régionaux ont eu lieu sur le territoire national. Leur objectif a été d'ouvrir un débat franc et constructif avec 4000 jeunes issus des différentes catégories sociales et démographiques. Ces jeunes ont soumis leurs propositions et attentes de façon à alimenter la plateforme de travail des assises nationales de la jeunesse.

Certes les jeunes montrent leur insatisfaction des institutions de l'Etat, mais le ministère souhaite inverser la tendance, en ouvrant un espace de débat et de réflexion intégrant les jeunes dans le processus de mise en œuvre d'une stratégie nationale.

3. Les critères de sélection

Les 4000 jeunes choisis pour participer aux fora régionaux n'ont pas été sélectionnés de manière aléatoire, ces jeunes ont pour mission de représenter les quelques 16 millions de jeunes que compte notre pays. Afin de transcrire toute la complexité de cette population, quatre facteurs ont été adoptés comme critères de sélection sur la base des études préalablement conduites :

- o Urbains/ruraux : ce critère permet de distinguer les attentes et les besoins des jeunes selon leur mode de vie, et de retranscrire les disparités sociales entre zones urbaines et zones rurales.

- o Scolarisés/non-scolarisés : les aspirations peuvent varier grandement selon les niveaux d'instruction des jeunes.
- o Hommes/femmes : des différences importantes subsistent entre les hommes et les femmes, dans différents domaines.
- o Tranche d'âge : l'âge des participants compris entre 7 et 30 ans présente des profils très variés, et permet de couvrir une cible assez importante.

Jusqu'à nos jours, et en interrogeant des responsables du ministère de la jeunesse, rien n'a encore été publié, le diagnostic, et le rapport de restitution des résultats des forums a été confié à un bureau d'étude, qui n'a pas encore rendu le travail final.

Dans cette même dynamique il est force de constater que le fait de se passer des mythes visant à placer les pouvoirs publics et la société civile dans une relation frontale, est l'un des axes forts et particulièrement innovant des programmes de coopération internationale.

Chacun s'accordant à penser que l'obstacle au dialogue se situe autant dans la difficulté des OSC à comprendre la mécanique administrative, la logique du circuit de décision politique et les enjeux qu'elle suppose au niveau local, national ou international, que dans la propension des pouvoirs publics à identifier les OSC sous l'angle idéologique en négligeant souvent leurs savoir-faire et acquis en termes de pratiques.

Les programmes de coopération dans leur forme concertée et pluri-actrice (PCPA), proposent à chaque groupe d'acteurs de chercher (et de trouver) les axes sur lesquels ils peuvent avancer ensemble. Chose que nous allons voir dans le troisième chapitre, en prenant comme cas pratique le Programme Concerté Maroc, et son action sur la question de la Jeunesse.

Il est nécessaire dans un premier temps de présenter le PCM et son cadre général, pour pouvoir comprendre son action.

VII. Origine et fondement du Programme Concerté Maroc

Le Programme Concerté Maroc (PCM), tire son origine du « temps du Maroc en France » organisé en 1999 et qui a vu s'animer partout dans le pays des milliers de manifestations qui ont montré la richesse de la coopération franco-marocaine. A cette occasion, la nécessité de mettre en place un « partenariat global » entre les deux pays a été entérinée par les deux gouvernements et au sein de ce partenariat, l'importance soulignée de développer et de consolider les coopérations entre les acteurs de la société civile des deux Etats.

Le cadre général du PCM, rentre dans la dynamique des PCPA, dans lesquels se trouve une double ambition de construire une coopération entre des organisations de la société civile, qu'elles soient au Sud ou au Nord, et un dialogue politique entre ces organisations et les pouvoirs publics dans la finalité de coproduire des politiques publiques inclusives.

Le PCPA entend établir un lien entre les initiatives et décisions mondiales et l'accès effectif des populations les plus pauvres aux services de base fondamentaux, notamment par le truchement d'une utilisation plus judicieuse de l'aide publique au développement. C'est l'établissement de ce lien qui renforce les opportunités de collaboration entre les pouvoirs publics français, « distributeurs » d'une aide au développement et les organisations de la société civile française, actives dans plusieurs régions du monde. Le postulat qui oriente cette collaboration est que la concertation entre les Etats et les sociétés civiles est indispensable pour mettre en œuvre des politiques efficaces de lutte pour la réduction de la pauvreté et les inégalités et pour un Etat de droit plus marqué.

Néanmoins il est force de constater que les Etats développés à travers la coopération internationale, plus particulièrement l'aide au développement, ont des enjeux politiques et économiques. En raison de la mondialisation et l'expansion des marchés étrangers, les pays développés cherchent de plus en plus à délocaliser leurs productions dans les pays en voie de développement. Ces derniers représentent pour les pays développés une richesse en ressources naturelles abondantes et en ressources humaines qualifiées. D'autant plus les pays développés connaissent une pyramide des âges vieillissante, et donc comptent en grande partie sur l'affluence des jeunes émigrés issus des pays en voie de développement (exemple du Canada...). Dans une autre optique, certaines ONG internationales ont plutôt des enjeux religieux dans un souci de diffusion des valeurs religieuses dans les pays où elles œuvrent, et ce sous prétexte des actions caritatives.

En revenant à notre étude, il faut noter que la recherche d'une meilleure articulation entre les programmes bilatéraux et les nombreuses initiatives multilatérales a constitué une préoccupation forte des acteurs institutionnels et non gouvernementaux intervenant au Maroc dans le cadre des réformes engagées par le Royaume. C'est l'ensemble de ces préoccupations qui a donné naissance au projet d'un Programme Concerté multi-acteurs franco-marocain s'inscrivant dans le cadre d'une nouvelle contractualisation entre les pouvoirs publics français et les acteurs non gouvernementaux. Ainsi a été lancé le Programme Concerté Maroc (PCM), programme qui a réuni en son sein 19 organisations françaises, 36 organisations marocaines et le ministère des affaires étrangères français de 2002 à 2005.

1. Intérêts et enjeux de la deuxième phase du PCM (2006-2010)

Le PCM a choisi la dynamique de la jeunesse, parce que les jeunes constituent la tranche la plus importante de la population, 50% de la population à moins de 25 ans. En outre, la jeunesse représente l'avenir du pays et elle connaît des problèmes spécifiques compromettant cet avenir, au Maroc, comme dans d'autres pays en voie de développement. En effet, malgré les récents progrès de la scolarisation, une forte proportion de jeunes reste encore analphabète ou privée d'une formation professionnelle appropriée à des emplois satisfaisants.

Comme nous l'avons déjà précisé ci-dessus, les jeunes diplômés du supérieur en chômage sont nombreux et ils s'intègrent peu dans l'économie. Par ailleurs, le sous emploi et la faible rémunération touchent les jeunes non formés, dans les secteurs traditionnels de l'agriculture, du commerce et de l'artisanat.

On comprend, dans ces conditions, les difficultés qu'éprouvent les jeunes générations à se préparer aux mutations sociales, économiques, et professionnelles.

On imagine les problèmes qu'elles rencontrent pour s'installer dans une vie familiale et à s'insérer dans un cadre de participation citoyenne. Cet enjeu d'inclusion est pointé dans différents rapports, réalisés par les autorités marocaines avec l'appui du PNUD et de la Banque Mondiale, tels que : *« les jeunes, un atout sous estimé »*, ou, *« Ensemble, pour un développement humain »* et encore le rapport du cinquantenaire de l'indépendance *« pour un développement humain élevé »*. C'est dire la pertinence du thème commun aux membres et aux partenaires publics et non gouvernementaux du PCM.

Cette dynamique accompagne la montée en puissance du tissu associatif marocain marquée par l'existence de plus de 46 000 associations dont plus de 2 000[46] sont des associations de jeunes pour une population majoritairement composée de jeunes.

Pour aller de l'avant dans sa deuxième phase le PCM a mis en place un ensemble de mesures stratégiques et techniques : comme objectif général il s'est fixé l'accompagnement de la jeunesse marocaine à être actrice d'un développement humain et solidaire, dans un cadre de concertation entre associations françaises et marocaines, avec leurs pouvoirs publics dans l'ambition d'assurer une grande implication des jeunes dans la société marocaine.

Le PCM a mis en œuvre des moyens et des outils pour concrétiser son action, tel que :

- Les projets : leur intérêt réside dans le principe qu'ils seraient conçus et conduit conjointement par des partenaires français et marocains. Ils devraient contribuer à l'atteinte d'un ou plusieurs résultats escomptés par le programme tout en respectant ses principes et valeurs. Les projets sélectionnés par une commission élue seront financés par un Fonds d'Appui à Projets (FAP).

- Les activités régionales : consistent à renforcer l'élaboration de stratégies d'action collectives régionales et la création de passerelles avec les dispositifs existants d'appui à la décentralisation. Ces actions seront financées par un fonds d'Appui aux Initiatives Régionales (FAIR).

- Les activités transversales : sont en pleine articulation et complémentarité avec les autres types d'activités et se devront de répondre aux besoins réels et concrets des acteurs du programme (formation, échange d'expérience, séminaires, plaidoyer...). Le PCM a mis également en place quatre pôles thématiques, à savoir le pôle Insertion professionnelle, Education Animation, Economie Sociale et Solidaire, Citoyenneté et Accès aux Droits. L'objectif de ces thématiques est d'approfondir la connaissance mutuelle autour des projets et des acteurs, et de tirer les bonnes pratiques des expériences des uns et des autres.

Le PCM dans sa seconde phase, a compté 96 organisations membres dont 63 organisations marocaines et 33 organisations françaises. Ceci a permis un début d'appropriation du programme par les associations marocaines, et un poids de plus en plus soutenu, vu qu'au début les organisations étrangères assuraient le financement et aussi le pilotage. Actuellement le rapport de force a changé, puisque les associations marocaines sont devenues plus nombreuses dans les consortiums des projets du PCM.

Chapitre 3. Cas du Programme Concerté Maroc : la recherche action réalisée sur les projets de développement

Section 1 : PCM 2 et constats des entretiens effectués sur terrain

I. Qu'est ce que la Capitalisation

Avant tout nous devons tout d'abord définir la Capitalisation. C'est un thème récurrent dans le milieu des organisations de solidarité internationale. On ne cesse de le répéter : « il faut capitaliser ! ». Pourquoi ? Comment ? Ce n'est pas toujours bien clair.

Paradoxalement, il n'existe pas beaucoup de documents de référence sur la capitalisation, et ceux qui existent proposent des réflexions particulièrement intéressantes sur l'enjeu de valoriser les expériences, mais manquent peut-être des repères méthodologiques pratiques.

Selon Pierre de Zutter (1994) : « *la Capitalisation, c'est le passage de l'expérience à la connaissance partageable* ».

Dans ce qui suit nous allons présenter quelques caractéristiques de la capitalisation :

- Capitaliser, c'est prendre du recul par rapport à une expérience ;
- Se poser la question, comment dans une expérience, on est passé d'un niveau à un autre ?
- Questionner une expérience, la discuter, voir la remettre en cause ;
- C'est tirer des enseignements de l'expérience qui pourraient servir de modèles de réussite pour une utilisation ultérieure ;

II. Quelques constats préliminaires

Un constat majeur, c'est que le PCM a changé sa philosophie, tout d'abord la focalisation sur les jeunes contrairement à la première phase qui était large et portait sur la question de la pauvreté. Ensuite la métamorphose de sa gouvernance, en instaurant un organe unique qui représente les deux pays dans les principales décisions stratégiques à savoir le comité de pilotage. Dans ce dernier siègent les associations des deux pays, et également les pouvoirs publics afférents (Ministère des Affaires Etrangères Français, Ministère Marocain de Développement Social et de la famille...), et les jeunes, élément incontournable dans la prise de décision.

D'autre part, les visites sur le terrain pour interroger les acteurs du PCM situés un peu partout sur le territoire marocain, ont révélé des constats probants quant à l'efficacité de ce programme d'aide au développent. Dans ce qui suit nous allons dégagés quelques constats selon les trois axes de Capitalisation.

1. La concertation pluri-acteurs

Une identité pour les associations : D'après les questions posées à certains acteurs dans les projets du PCM, les associations ont trouvé dans le PCM une vraie identité, vis-à-vis des acteurs publics et des bailleurs de fonds internationaux, ce qui leur a donné un plus et une force de conviction. Dans sa conception des projets, le PCM exige une véritable démarche de concertation, non seulement entre associations du Nord et associations du Sud, mais également, une implication des pouvoirs publics, que ce soit dans les projets, ou dans le pilotage et la gouvernance du programme lui-même.

Rappelons que le Ministère du Développement Social, siège au comité de pilotage, ainsi que l'Entraide Nationale. Ce dernier est un partenaire stratégique, qui a mis en place ses locaux et ses délégations à la disposition des activités du PCM à destination des jeunes. Un autre point plus important, c'est que dans les projets concertés provinciaux (PCP), pour réunir les acteurs d'une même province, le PCM a mis en place une étape préalable à la concertation, qu'il finance et organise, l'objectif étant de faire connaissance entre les acteurs de la société civile et les pouvoirs publics, ainsi que les collectivités locales. Dans l'élaboration du PCP, il y'a des conditions à remplir, premièrement il faut une présence obligatoire des jeunes, deuxièmement une présence d'au moins une collectivité locale, et quelques associations locales.

2. L'implication de la jeunesse

Il faut rappeler que le but ultime du PCM est d'enclencher une dynamique qui permet à la jeunesse de s'ouvrir sur son environnement et la situe au sein de partenariats multiples. Cette approche est importante car, en favorisant le développement du tissu associatif marocain, le PCM évite l'enfermement étroit des jeunes dans leur propre association. C'est cela qui fait qu'on peut parler d'une démarche qui contribue à l'installation de relations entre les jeunes et les adultes, et donc assurer un transfert de savoir faire de génération en génération, ainsi entre les associations de jeunes et les autres partenaires actifs dans le développement communautaire.

Le PCM compte environ 20 000 jeunes, entre jeunes bénéficiaires des activités du programme, et les jeunes membres des associations du PCM.

Suivant les entretiens avec les acteurs du PCM, ce dernier a offert :

- **Un espace d'expression :** les jeunes associatifs du programme, sont invités à toutes les manifestations organisées, autour des quatre thématiques, ils ont l'occasion de rencontrer d'autres acteurs associatifs ou publics... ce qui leur donnent l'occasion de s'exprimer et d'échanger des idées et des ambitions...

- **Une plateforme de rencontre entre les jeunes et d'autres acteurs... :** dans sa deuxième phase le PCM a choisi comme volet d'action la dynamique de la jeunesse, avec une double ambition : faire bénéficier les jeunes du fruit des projets réalisés sur terrain, et plus particulièrement les rendre des acteurs, qui réfléchissent, prennent des initiatives et agissent indépendamment. Sous l'égide du PCM, les jeunes effectivement sont devenus des acteurs : en premier lieu, l'accès des 4 jeunes au comité de pilotage pour représenter les jeunes de leur territoire, leur a donné l'opportunité d'être à égalité avec les autres dans les propositions et les prises de décision, de se confronter aussi avec les pouvoirs publics. En second lieu, la participation des jeunes aux rencontres nationales organisées par le PCM leur a permis de tisser des liens et des connaissances avec des acteurs de grande importance, tel que les ONG internationales, les ONG et associations nationales, d'échanger des idées de projets, l'objectif étant de « travailler ensemble ». En troisième lieu, pour les projets du PCM qui sont portés par ses associations membres, une condition incontournable est à retenir, c'est que pour valider un projet, il faut qu'il soit fait pour et par les jeunes : des bénéficiaires jeunes, et des associations de jeunes qui portent les projets.

- Une base d'encouragement à la participation des jeunes à la gestion des affaires locales : Au cours de la deuxième phase du programme, 4 conférences régionales, ont étés organisées dans quatre régions du pays, et une conférence nationale, autour de la participation des jeunes à la gestion de la chose publique : Ces conférences se sont traduites par une invitation non seulement des acteurs du programme mais, au-delà, des acteurs hors du programme, qui étaient également intéressés par ces manifestations.

Sur la base de ces conférences plusieurs jeunes ont été ciblés, 400 jeunes ont participé aux 4 conférences régionales, et 180 jeunes ont participé à la conférence nationale. En plus des conférences régionales, 3 universités de jeunes sont venues dans leur continuité, et leur complémentarité, le but étant de former et informer les jeunes sur leur rôle dans la gestion des affaires locales. Au total 290 jeunes ont participé aux universités de jeunes. L'ensemble de ces conférences s'est traduit par l'implication de certains jeunes bénéficiaires dans les élections de 2009, à titre d'exemple : des jeunes se sont présentés aux élections dans leurs communes, il faut signaler également que d'autres se sont inscrits pour la première fois dans les listes électorales.

A noter que ce sont des premiers constats d'après les entretiens effectués avec les membres du Programme. Le volet jeunesse sera traité et analysé sur la base de quelques projets spécifiques que nous avons choisis.

Section 2 : Analyse des Projets de Développement du PCM 2

Les Projets de développement du Programmes Concerté Maroc, ont été conçus dans un cadre local et régional, suivant différents champs d'action, répondant à des besoins spécifiques des populations de plusieurs régions du pays, et en rassemblant acteurs de la société civile et pouvoirs publics, pour une cause commune qui est la réhabilitation de la situation des jeunes marocains. En ce qui suit, nous allons analyser quelques projets dont le choix a été établi à l'avance. Les projets qui vont faire l'objet de cette analyse sont :

- Le Projet Cré'Acteurs du Moyen Atlas, (Fiche en Annexe 4) ;
- Le Projet Jeunesse Territoire et Citoyenneté (JTC), (Fiche en Annexe 5) ;
- Le Programme Concerté Provincial (PCP) de Jerada, (Fiche en Annexe 6) ;

L'analyse portera sur l'impact des projets sur les jeunes ciblés, notons de plus que cette analyse se focalisera sur plusieurs critères. En premier, l'action sur la jeunesse par une approche concertée, ensuite sur l'implication des jeunes ciblés par les projet, de façon à déterminer dans quelle mesure les jeunes ont été bénéficiaires, et dans quelle mesure ces mêmes jeunes ont été impliqués en tant qu'acteurs dans le développement de leur localité, et enfin sur l'impact du cofinancement des projets.

I. Agir sur la jeunesse par une approche concertée

Dans le cadre des interventions des ONG dans les pays du Sud, l'aide au développement était perçue par les associations nationales ou locales comme étant concurrentielle, ou en d'autres termes, prédominantes, puisque le rôle des ONG du Nord était limité aux donations financières. Dans le cas du Maroc, les associations réclamaient donc un réel partenariat avec un réel partage des responsabilités. L'avènement de la notion du Programme Concerté Pluri Acteurs (PCPA) a donné un autre sens au paysage associatif avec plus de rééquilibrage. Le Programme Concerté Maroc dans sa forme pluri-actrice défend le rééquilibrage Nord-Sud. Cela réside dans le passage en premier lieu d'un PCM fondé sur la coopération entre une association française et marocaine, avec une prédominance des associations du Nord dans le pilotage et la prise de décision, à un PCM fondé sur le pluri acteurs. En d'autres termes, la nécessité de travailler en consortiums, ce dernier exige un réel partage des actions, et une mise en commun des expériences, d'où la mise en place de la charte des valeurs, qui incite les signataires ou partenaires de projets, à s'engager dans le respect des valeurs en vigueur à savoir (la coresponsabilité, réciprocité, démocratie, transparence, parité, exemplarité et autonomie). En second lieu, l'instance de prise de décision du PCM est un comité de pilotage transnational, qui réunit à la fois des associations françaises, et marocaines, des pouvoirs publics français et marocains, ainsi que les représentants des jeunes, et le plus important dans cette instance c'est que les parties prenantes travaillent en concertation, et ont des voix égales et participent ensemble à l'élaboration des stratégies par consensus.

D'autre part, force est de constater l'ébauche d'appropriation du terrain par les associations marocaines membres du PCM, à tous les niveaux. Au comité de pilotage, les 2/3 des représentations sont marocaines, et le 1/3 concerne la représentation française. Sur les projets FAP, les associations marocaines bénéficiaires commencent à prendre place, les 2/3 sont des associations marocaines, et le 1/3 est composé par des associations françaises. Egalement, les visites croisées se sont faites dans les deux sens, non seulement les associations marocaines ont bénéficié de leur visites au Nord, mais aussi celles du Nord sont venues pour voir et tirer profit des évolutions associatives marocaines.

Cette logique a été projetée sur les projets du programme. Pour servir la jeunesse marocaine, les porteurs des projets ont entamé la même philosophie. Ils se sont constitués en consortium rassemblant les associations marocaines et les associations françaises. Tel est le cas du projet Cré'Acteurs qui a réuni en son sein 4 associations marocaines (l'association Yannor de Khénifra, l'association Ait Bourzouine d'El Hajeb, l'association Tazouta de Séfrou et l'association Ain Bechar de Taza), et seulement 2 associations françaises à savoir ESF et CEFIR. La majorité a été donnée aux associations marocaines parce qu'elles sont des associations locales qui connaissent les spécificités de leurs territoires, le tissu institutionnel local, et plus particulièrement les projets et les aspirations des jeunes de la région. En outre, l'implication des ONG françaises, est due à l'apport du savoir faire, du fait que le projet opte pour le tourisme rural, et que les deux ONG travaillaient déjà sur la même dynamique avec les acteurs locaux du Moyen Atlas. De même pour le projet JTC, il a été conçu de façon concertée entre le CCFD, le CNLRQ et le Carrefour Associatif avec cinq de ses associations membres.

Le PCP de Jerada s'est lancé dans une optique provinciale, vu que c'est la décomposition du territoire la plus pertinente pour nouer une concertation efficace, en raison du rapprochement des acteurs locaux et associatifs, ce qui facilite leur rassemblement autour de la question des jeunes. Le PCP, contrairement aux deux autres projets a réuni seulement des acteurs marocains (associations, conseil provincial, communes, délégation de l'éducation nationale, l'entraide nationale …).

Les réunions des consortiums ont constitué un réel échange d'expérience et de mutualisation des efforts. Il faut noter que la démarche de concertation était présente dans toutes les étapes de la construction des projets et leur mise en œuvre. Ceci a permis aux jeunes associatifs et aux jeunes ciblés par les projets, d'acquérir un esprit de concertation, dans la mesure où ils ont commencé à chercher des partenaires pour leurs projets d'avenir, et également élaborer des plans d'action concertés pour chercher des opportunités de financement complémentaire.

De même les ateliers de réflexion et les visites entre membres des consortiums ont permis aux jeunes de faire connaissance avec d'autres jeunes du territoire national, pour partager et transmettre les bonnes pratiques. Dans une autre optique, les visites croisées Nord-Sud, et Sud-Nord qui ont été réalisées dans le cadre des projets, ont constitué pour les jeunes une opportunité d'échanger et d'apprendre des expériences de leurs homologues français. Tel que l'exemple du projet Cré'Acteurs dans le quel une visite a été effectuée entre les jeunes de l'association Ait Bourzouine et les jeunes de l'ONG Belge (Landes de Gascogne).

Dans ce qui va suivre, nous allons voir quel a été l'impact des projets sur l'implication des jeunes en tant qu'acteurs dans le développement de leur entourage.

II. Impliquer les jeunes dans le processus du développement humain

L'objectif spécifique du PCM a été non pas de faire des jeunes une population bénéficiaire d'actions ponctuelles, mais de vrais acteurs impliqués dans le développement de leur localité. De ce fait, il a instauré la même démarche au sein de ses projets.

La notion de jeunes acteurs et développeurs consiste en la construction de leurs capacités et compétences pour prendre part dans le développement local. Il est donc important de s'engager dans l'action collective au sein du territoire, contribuer à la gestion durable du partenariat et participer à la construction de la démocratie locale. Dans le tableau ci-après nous allons donner un aperçu sur les jeunes bénéficiaires des trois projets objet de ce mémoire.

	Projet Cré'Acteurs	PCP Jerada	Projet JTC
Nombre de jeunes bénéficiaires	131 jeunes	164 jeunes	80 jeunes

On se basant sur la dynamique des quatre projets on remarque qu'ils ont un résultat attendu commun, qui est celui de l'implication des jeunes dans les actions des projets et faire d'eux des acteurs autonomes. Ceci a été concrétisé sur deux volets, par le renforcement des capacités et par l'accompagnement et la mise à disposition des jeunes d'outils et de méthodologies de travail.

Sur le projet Cré'Acteurs, il était question de focaliser l'action sur les leviers qui caractérisent la région et qui peuvent donner un champ porteur en matière d'emploi aux jeunes. On peut citer des exemples tel que le tourisme rural, l'Apiculture, la Cuniculture... D'après les entretiens effectués avec les membres du projet, il est certain que les jeunes ont constitué la partie majeure des bénéficiaires.

En outre, la logique du PCM montre que les jeunes après avoir suivi des formations diverses. Ces derniers devaient pendre l'initiative et s'impliquer dans leurs propres projets d'avenir. On peut évoquer l'exemple de la coopérative Ourthou d'Apiculture créée par **7 jeunes** de l'association Yannor. Il faut préciser que ce sont ces mêmes jeunes qui ont suivi une formatioe en Apiculture. De même une autre coopérative a été créée par **10 jeunes** femmes de l'association Tazouta, ces dernières avaient suivi une formation au métier de tissage.

Dans le cadre du PCP de Jerada, il est question d'intégrer les attentes et besoins des jeunes de la région dans les Plans de Développement Communaux (PDC) et chercher à impliquer les jeunes dans la prise de décision au niveau de la gestion des affaires locales. Ce constat est tiré de la situation difficile liée à la marginalisation et au manque d'opportunité d'emploi. Une partie importante des jeunes travaillent dans des conditions lamentables dans des « Cendriers » en vue d'avoir un petit revenu journalier. Il faut signaler que plusieurs jeunes lycéens ont subit la mort dans ces mines.

Le PCP de Jerada se veut un regain de confiance chez les jeunes en les sensibilisant sur le rôle qu'ils peuvent jouer dans la gestion des affaires locales. D'un coté par la participation aux listes électorales et de voter sur les personnes qui vont les représenter dans les instances législatives, et d'un autre par la présentation de ces jeunes aux élections en vue de devenir des acteurs locaux et représenter leurs communes. L'implication des jeunes réside dans la constitution des conseils de jeunes issus de trois communes de la province de Jerada. Ces jeunes ont pu créer une charte de la participation à la gestion des affaires locales (Annexe 4).

Les conseils de jeunes de Jerada ont constitué une force de conviction vis-à-vis des pouvoirs publics, des élus locaux et des associations. Grâce à l'implication et la volonté des jeunes, les présidents de 6 communes, la municipalité de Jerada à coté de 10 associations et 110 jeunes ont signé la dite charte. Ceci montre que les pouvoirs publics sont convaincus du rôle et de la place des jeunes dans l'élaboration participative des PDC.

Au niveau du projet JTC, l'échelle prise en compte est le quartier. L'objectif était d'ancrer les valeurs de citoyenneté dans l'esprit des jeunes et faire d'eux des acteurs à part entière dans les activités visées par le projet. Comme le cas du PCP de Jerada, les jeunes du projet JTC ce sont constitué en 4 conseils de jeunes (le conseil de Rabat Yaacoub el Mansour, le conseil de Khemisset, le conseil de Khénifra et le conseil de la commune de Tendrara). Ces 4 conseils ont été composé de 20 jeunes chacun représentant leurs confrères des 4 provinces.

Les jeunes du JTC ont suivi des formations dans plusieurs domaines à savoir la sensibilisation à la préservation de l'environnement, les effets de la drogue, l'animation culturelle et sportive. Les 80 jeunes du projet ont acquis les outils nécessaires en vue d'être eux même des acteurs dans leurs quartiers et procéder à la sensibilisation de la population des quartiers à travers des ateliers de formation et des soirées culturelles. Les résultats sont appréciables, on peut citer comme exemple les jeunes du conseil de Khénifra qui ont créé un club de jeunes lycéens pour la sensibilisation contres les effets dangereux de la drogue. De même pour les jeunes du conseil de la commune Yaacoub el Mansour de Rabat qui ont réaménagé 4 jardins au niveau de 4 quartiers. Il faut signaler que les jeunes de ce conseil ont mobilisé près 800 personnes entre jeunes et adultes.

Il est force de constater que l'impact et la philosophie du PCM a été d'une grande portée sur les jeunes. Ces derniers ont appris à s'organiser en conseils et à approcher les pouvoirs publics en vue de réfléchir ensemble sur les préoccupations des jeunes. De même ils ont acquis des outils et des méthodes pour pouvoir créer leurs propres projets.

Nous allons voir ci-après la question du cofinancement et son impact sur les projets et les jeunes.

III. Cofinancement des projets du Programme Concerté Maroc

Le PCM a essayé d'ancrer dans l'esprit des jeunes des associations membres la notion de concertation, avec d'une part les pouvoirs publics, et d'autre part les acteurs de la société civile franco-marocains. Ces jeunes ont appris à chercher eux même des partenariats et des bailleurs de fonds locaux et internationaux, tout en sachant que le PCM a joué le rôle de facilitateur et de garant, et a donné plus de crédibilité aux projets portés par les jeunes auprès des pouvoirs publics et des bailleurs de fonds.

Nous allons voir comment le cofinancement a été réalisé dans chacun des projets du PCM (voir annexe 4).

1. Cofinancement et répartition du budget du PCP Jerada

Partenaires du Projet	Budget en dirhams	Pourcentage
PCM	85 768.20	68%
ADS	9850.00	8%
Association Gafait	5500.00	4%
Association Zraig	5500.00	4%
Association Isaaf	5500.00	4%
CR Gafait	5000.00	4%
CU Jerada	5000.00	4%
CR Guenfouda	5000.00	4%
BUDGET TOTAL	**127 118.20**	**100%**

Nous remarquons dans le cas du PCP Jerada, qu'en plus des associations porteuses du projet, il y'a présence des pouvoirs publics à travers l'ADS et des collectivités locales. Le PCM a cofinancé le projet à hauteur de 68%. Il faut noter que la participation de l'ensemble des acteurs membres est de petite taille, elle est presque la même pour les trois associations et les communes. La contribution de l'ADS par contre constitue le double, elle est de 8%.

2. Cofinancement et répartition du budget du projet Cré'Acteurs

Partenaires du Projet	Budget en Euros	Pourcentage
PCM	93 500.00	45%
INDH	30 000.00	15%
Ministère du Développement Social	20 000.00	10%
Valorisations	35 000.00	17%
ANAPEC	14 490.00	7%
CEFIR	08 690.00	4%
Électriciens Sans Frontières	05 000.00	2%
Budget Total prévu	**203 300.00**	-
Budget Total réalisé	**206 680.00**	100%

Dans le cas du projet Cré'Acteurs, le PCM a contribué à hauteur de 49%, mais les porteurs du projet ont dépassé le budget prévisionnel qui est de 203 300.00 euros, pour atteindre un budget de 206 680.00 euros, ce qui a rendu la participation du PCM à 45%. Les porteurs du projet ont cherché à impliqué des organismes dont le poids est très important. Nous observons la participation de l'INDH et du Ministère du Développement Social, avec respectivement 15% et 10%. Participation de l'ANAPEC de 7%, et également les deux membres français CEFIR et ESF avec respectivement 4% et 2%.

Les valorisations constituent une part importante 17%, par rapport aux contributions des partenaires.

3. Cofinancement et répartition du budget du Projet JTC

Partenaires du projet	Budget en Euros	Pourcentage
PCM	146 238.00	48%
CCFD	102 291.00	34%
Valorisations	44 327.00	15%
Entraide Nationale	8000.00	3%
Budget Total	**300 856.00**	100%

Le PCM au niveau du projet JTC, a apporté un cofinancement de 48%, de plus on note une importante participation du CCFD 34%. Il faut signaler l'apport de l'Entraide Nationale qui figure parmi les partenaires stratégiques du PCM. Certes son cofinancement est minoritaire 3%, mais il faut savoir que l'Entraide Nationale cofinance les projets d'un large tissu associatif, et contribue avec ses moyens logistiques en faveur des jeunes du PCM.

Dans le cas du projet JTC on observe également une part importante des valorisations qui est de 15%.

4. Les retombées du Cofinancement sur les projets et les jeunes ciblés

○ **Sur les Projets :**

Le Programme Concerté Maroc, n'était pas simplement un bailleur de fonds pour les associations porteuses des projets, mais aussi un accompagnateur, dans la mesure, où il a instauré un suivi du déroulement des projets, et aussi un financement par tranche, ce qui exige une implication sincère de la part des porteurs de projets.

La logique du PCM dans l'implication des organisations de la société civile et les acteurs publics est un élément primordial. Il n'était pas seulement apparent dans les documents programmes du bureau du PCM, mais il était concrétisé par l'engagement dans des partenariats signés auprès de l'Entraide Nationale et le Ministère de la Jeunesse et des Sports. Cette philosophie du programme a été projetée dans les projets de développement du PCM, à travers l'incitation des porteurs à chercher des partenaires et des bailleurs publics, que ce soit au niveau local, national, ou international auprès des ONG et des agences de développement internationales.

L'impact de la logique du cofinancement a été remarquable sur les projets. C'est d'abord le fait que ces projets ont pu lever des fonds auprès des partenaires publics marocains, ensuite la mise en ouvre de ces projets leur a donné plus de crédibilité dans les territoires ou ils opèrent et donc notons comme résultat, le renforcement de leur reconnaissance en tant qu'acteurs associatifs. Ils sont aujourd'hui en capacité d'approcher d'autres organismes internationaux telle que la Fondation de France pour déposer des documents projets pour cofinancement.

○ **Sur les Jeunes :**

Les jeunes étaient non seulement une cible mais de vrais acteurs dans ces dynamiques car ils ont participé dans toutes les phases de ces actions :

Sur le projet Cré'Acteurs, ils ont crée leur propre coopérative, ils ont appris dans le cadre du PCM et de leur projets, le sens du montage des projets, et les techniques de recherche des bailleurs de fonds publics et privés. Au niveau du projet JTC, ils élaboraient leur propre plan d'action et sa mise en œuvre, sur les deux territoires (Rabat et Tendrara ils se sont constitués en association de jeunes. Sur le projet Jerada, ils sont aujourd'hui membres de la cellule jeunesse de leur municipalité et ils ont contribué à l'élaboration du Plan de Développement Communal. Ces jeunes seront beaucoup plus renforcés à travers la mise en place des conseils jeunesse que le PCM est en train de préparer, afin de les mettre en place dans les territoires où sont localisées les associations membres (objectif spécifique 1 du PCM3).

Tout au long de cette section nous avons essayé de montrer comment la dynamique du PCM a permis d'impliquer les jeunes comme acteurs dans le développement humain et social. Certes les exemples sont nombreux et nous remarquons que les résultats sont appréciables, mais il y'a certains dysfonctionnements qu'il faut relever.

Tout d'abord la question de la gestion des fonds du PCM qui est confiée à une association dénommée Association de Concertation et de Développement. Les jeunes lors des entretiens ont montré leur scepticisme quant au fonctionnement de cette association qui se charge du portage juridique et financier du PCM.

Ensuite, il faut mettre l'accent sur l'inadéquation entre les budgets alloués aux projets et les actions menées au profit des jeunes. On remarque l'importance des budgets face à des actions qui sont minoritaires et qui ciblent un nombre minime des jeunes. De plus, il est important de soulever la question des expertises étrangères qui coûtent au PCM des fonds colossaux.

De plus, au niveau de la répartition des budgets des projets JTC et Cré'Acteurs nous remarquons un taux très important des valorisations qui est respectivement de 15 à 17%. Ce qui est un peu exagéré rappelant ainsi la nécessité du contrôle et du suivi de la part des bailleurs de fonds en vue de s'assurer de la bonne affectation de ces fonds, et qu'ils servent de façon concrète la population cible.

Un autre point est celui du nombre total des jeunes du PCM qui atteint 20 000 jeunes. Selon les entretiens effectués avec certains jeunes du PCM, ce nombre est un peu exagéré et on trouve souvent des jeunes du PCM qui sont déjà engagés dans des emplois et qui bénéficient encore du statut de jeunes du PCM alors qu'il faut céder la place aux jeunes qui sont dans des situations difficiles.

Section 3 : Les recommandations

Certes le PCM de façon générale a prouvé qu'il y'a eu des résultats appréciables, sur la base des actions qui ont été réalisées dans les trois projets et dont on a relevé l'impact sur les jeunes. Mais il y'a plusieurs limites qui ont été soulevées par les acteurs membres du programmes lors des entretiens et dont nous avons avancé quelques recommandations.

Il faut également souligner certaines limites liés au fonctionnement du PCM, d'une part la lourdeur du dispositif (reporting trimestriel, justificatifs et rigidité des procédures de suivi financier), ce qui surcharge les acteurs associatifs, qui ont d'autres taches à réaliser sur le terrain. D'autre part, la vulgarisation du PCM, car il n'est pas beaucoup connu dans le paysage associatif marocain.

Au niveau stratégique, le manque de connaissance de la réalité et des évolutions du terrain de la part des personnes impliquées dans la prise de décision, engendre des défaillances dans les résultats escomptés. Il faut partager et coordonner avec les acteurs associatifs et l'équipe exécutive du PCM, de même baser les décisions sur un support de connaissances terrain émanant des acteurs associatifs et locaux, connaissant parfaitement le terrain.

Le PCM est un programme de renforcement des capacités des jeunes et des associations, c'est également un facilitateur dans la mesure où il donne plus de crédibilité aux jeunes et aux porteurs de projets, vis-à-vis des bailleurs de fond internationaux et des pouvoirs publics. Il doit donc rester sur cette même dynamique, en focalisant tous les efforts sur les jeunes, et ne pas se dispatcher sur plusieurs axes. Dans cette optique, le PCM doit concentrer son action sur la dynamique locale, en prenant comme cadre géographique la province, du fait que les acteurs se connaissent bien, et qu'il est facile de les réunir sur des questions qui touchent les problèmes des jeunes de la dite province, tel que l'exemple du PCP Jerada.

Un autre volet important, celui des visites croisées qui constituent un levier de transfert des compétences et des bonnes pratiques. Les visites réalisées dans le cadre du PCM, ont bénéficié plus aux jeunes du Nord, par rapport aux jeunes du

PCM. Faute de souplesse des autorités compétentes en matière d'octroi des visas, en raison bien entendu des actes déjà commis par certains jeunes, qui profite du visa pour rester définitivement dans les pays étrangers. Signalons qu'aucun cas n'a été enregistré dans le cadre des visites croisées du PCM, de plus quand les visas ne sont pas accordés aux jeunes, c'est généralement les présidents d'associations qui partent à la place des jeunes. Il faut que les autorités cherchent de leur part à instaurer des procédures facilitant ce genre de visites, qui permettent aux jeunes d'apporter des pratiques et des techniques innovantes en matière de montage de projet de développement.

Et enfin, sur la base des projets, le nombre des jeunes bénéficiaires est minoritaire, face aux budgets importants alloués aux projets. Le PCM dans ce cas doit chercher à élargir la population de jeunes à intégrer dans ses projets de développement. Il faut noter que les jeunes qui font parti du programme, sont ceux adhérents aux associations membres, et d'autres qui l'ont côtoyé dans certaines activités déjà réalisées.

Pour que la parole des jeunes puisse prendre tout son sens dans le futur, une question d'ordre stratégique devra donc impérativement être débattue : à quels jeunes le PCM s'adresse-t-il :

- o Aux jeunes les plus en difficultés ?
- o A ceux ayant le moins d'opportunités (accès à l'éducation, à la formation, à l'emploi, à la mobilité...) ?
- o Aux jeunes ruraux ou aux jeunes urbains ?
- o En priorité aux jeunes militants et aux jeunes souhaitant s'impliquer dans la vie locale, ou à ceux qui en sont le plus éloignés ?...

La réponse à cette question est essentielle car elle permettra de déterminer plus précisément :

- o Les motivations et les attentes des membres du programme vis-à-vis des jeunes « porte parole » dans les espaces politiques ;
- o Les modalités d'associations et de représentations des jeunes dans ces espaces ;

Conclusion

D'après ce que nous avons vu tout au long de ce mémoire, la jeunesse demeure, un élément incontournable pour la réalisation de la prospérité du pays, il s'est avéré qu'il faut prêter une attention particulière à cette catégorie de la population. Sur la base de toutes les réformes initiées par l'Etat il y'a eu quelques améliorations, sur le plan économique et social des jeunes. Mais il reste encore beaucoup à faire, surtout que l'Etat ne peut pas remédier seul aux problèmes de la jeunesse, d'où l'importance d'impliquer la société civile avec toutes ses composantes, pour travailler ensemble et résoudre en synergie tous les aspects de marginalisation des jeunes, et sur l'ensemble des domaines (les doits de l'Homme, l'emploi, la gestion des affaires locales, l'éducation, la santé, etc.).

A travers la stratégie intégrée de la jeunesse marocaine, nous avons relevé une prise de conscience de la part des programmes de coopération internationale, et du gouvernement marocain, sur l'importance du couplage des efforts des deux pôles, par le biais de la recherche d'une concertation et d'une complémentarité entre différents acteurs, et aussi pour chercher ensemble des solutions à des problèmes communs.

Ensuite sur le cas du Programme Concerté Maroc, nous avons vu la vision générale et la philosophie, qui mettent l'accent sur l'importance de réunir les acteurs publics et ceux de la société civile, pour opérer dans des projets destinés aux jeunes. D'après l'analyse des résultats des projets de développement du PCM, il y'a nécessité de dire qu'il y'a eu un travail appréciable, et que les résultats sont remarquables, surtout qu'il s'agit d'un petit programme qui est à son début.

Mais il faut mettre l'accent sur le fait que le PCM à travers sa logique d'action et de cofinancement, a cherché à influencer les politiques publiques. Cela de façon à pousser les pouvoirs publics à travailler sur la même dynamique de concertation pluri-acteurs. L'exemple est celui de l'Entraide Nationale qui est devenu un partenaire stratégique du PCM, en étant convaincue et influencé par sa vision considérable en matière d'implication de la jeunesse dans le développement humain et social. Cette influence est particulièrement visible auprès des délégués de l'Entraide Nationale qui ont acquis de nouveaux réflexes et pratiques dans le travail avec les associations. Pour l'Entraide Nationale, malgré toute l'expérience acquise dans le travail auprès des associations, ce partenariat renforce le climat de confiance tout particulièrement avec les jeunes et permet à ces délégués de développer de nouvelles compétences et savoirs-faires (outils d'accompagnement des associations, et suivi des projets). Les formes les plus abouties de cette collaboration sont visibles dans les programmes de concertation provinciaux grâce au travail mené avec les référents provinciaux désignés par le programme.

Pour le PCM, ce partenariat permettra d'inscrire les actions dans une démarche globale de développement, qui respecte les priorités nationalement définies et d'élargir l'action aux autres acteurs publics (emploi, santé, éducation, formation professionnelle, etc.).

Enfin, il est d'une grande nécessité de converger les efforts de l'Etat, des organisations de la société civile et des programmes de coopération internationale, en vue de répondre aux attentes de la jeunesse marocaine. Surtout que les perspectives d'avenir montrent que la population jeune gardera toujours son importance.

Selon la pyramide des âges au Maroc dans le cadre des perspectives de l'année 2030
Le Maroc compterait près de 38 millions d'habitants en 2030 dont 21% âgés de moins de 15 ans.

ANNEXES

Annexe 1 : Fiche représentative du Projet Cré'Acteurs

N° Dossier	P02-2007
Titre du projet	Les Cré'Acteurs pour le développement local rural
Lieu(x)	Villages de montagne du Moyen-Atlas
Durée du projet	24 mois

Objectif (s) global (aux) :

- Accompagner la jeunesse marocaine du Moyen Atlas dans ses projets de développement local rural, notamment dans le domaine du tourisme rural et de l'artisanat ;

- Consolider et structurer un travail de réseau, outil de concertation, entre Jeunes des associations dans le territoire du Moyen Atlas, des jeunes se voulant acteurs du développement de leur territoire ;

- Favoriser et accompagner la création d'AGR et le développement d'AGR en activité dans le Moyen Atlas, dans un esprit d'économie sociale et solidaire.

Objectif spécifique :

Contribuer, par une stratégie concertée entre les associations françaises et marocaines, membres du consortium, et les pouvoirs publics, à rendre les jeunes acteurs du développement économique local s'appuyant sur le tourisme rural, dans un esprit d'économie sociale et solidaire.

Nom des demandeur(s) (Organisations françaises) :

- CEFIR (Centre d'Education et de Formation Interculturel Rencontre), Chef de file ;

- ESF (Electriciens sans Frontières) ;

Nom des demandeurs (Organisations marocaines) :

-Association Tazouta
-Association Yannor
-Association Ain Bechar

-Association Aït Bourzouine

Partenaire (s) local (aux) :

- Entraide Nationale de Fès, Meknès ;
- Agence de Développement Social de Fès Boulmane, Meknès Tafilalet ;
- ANAPEC Région Fès Boulmane, Meknès Tafilalet.

Groupe(s) cible(s) :

Jeunes des associations de développement local rural du Moyen Atlas, jeunes ruraux demandeurs d'emploi et jeunes impliqués dans les coopératives rurales du Moyen Atlas (artisanat, produits du terroir), cadres associatifs.

Bénéficiaires finaux :

Jeunes des associations de développement rural du Moyen Atlas, jeunes ruraux demandeurs d'emploi, jeunes impliqués dans les coopératives rurales, associations et coopératives dans leur ensemble, prestataires du tourisme rural du Moyen Atlas, population locale bénéficiant des effets induits du développement par le tourisme rural et l'artisanat.

Principales activités :

Formations, Animation de réseau, Appui aux projets des jeunes, Actions de lisibilité du travail des associations, Appui aux AGR, Appui à la création d'AGR.

Annexe 2 : Fiche représentative du Programme Concerté Provincial de Jerada

Durée du projet	7 mois
Titre du projet	Programme concerté provincial
Lieu(x)	Province de Jerada

Objectif (s) global (aux) :

Contribuer à la réussite de la nouvelle stratégie du PCM axée sur l'animation provinciale (PCP) à travers la création des comités consultatifs communaux.

Objectifs spécifiques :

- Contribuer à l'implication des jeunes dans la gouvernance locale respectivement dans les communes de Jerada, Guenfouda et Gafait ;

- Intégrer les préoccupations des jeunes dans les plans de développement local dans les communes ciblées.

Porteur du projet

Association Isaaf Jerada solidarité et développement.

Nom des associations partenaires membres du PCM :

Association Isaaf-Jerada, Association Zraig pour le développement, et Association Gafait pour la culture et le développement.

Nombre du jeune référent provincial :

Deux jeunes : Mlle Khadija BOUTRIG /M. Mohamed HAMZAOUI (suppliant).

Associations non membres du PCM :

Association Aourach, Association AFAQ, Association rencontre des jeunes, et Association les Enfants de Zellidja.

Partenaire (s) local (aux) :

La Commune urbaine de Jerada-Commune rurale de Gafait – commune rurale de Guenfouda. Entraide Nationale-Jeunesse et sport-Education Nationale, Délégation de l'artisanat.

Acteurs cibles du projet :

Les jeunes de la province, les élus (28 personnes touchées par la formation et une centaine pour le forum).

Résultats escomptés :

- Les grandes thématiques identifiées par le PCM (ESS, éducation et citoyenneté,....) sont manifestées comme axe primordial dans les plans de développement communaux des communes ciblées (Jerada, Guenfouda et Gafait) ;

- Des structures et un programme de concertation provinciale sont crées et pérennisés.

Annexe 3 : Fiche représentative du Projet Jeunesse Territoire Citoyenneté

N° Dossier	P05-2006
Durée du projet	36 mois
Titre du projet	Jeunesse, Territoire, Citoyenneté

Lieu(x) :

Le projet est mis en œuvre dans quatre territoires d'intervention :

1. Le quartier Douar El Kora (commune de Yaacoub El Mansour - Rabat) ;

2. La municipalité de Khemisset (Province de Khemisset) ;

3. La commune rurale de Tendrara (Province de Figuig) ;

4. Le quartier Amalou Ighreben (commune rurale de Moha Ou Hammou Zayani – Province de Khénifra).

Objectif global :

Participer à l'effort national pour engager la jeunesse marocaine à s'impliquer dans une citoyenneté réelle et agissante propre à la rendre actrice du développement humain durable de sa société.

Objectif spécifique :

Accompagner 80 jeunes Marocains à exercer une citoyenneté appliquée aux besoins des communautés et des territoires dans leurs réalités locales et selon une approche inter locale.

Nom des demandeurs (Organisations françaises) :

-Comité Catholique contre la Faim et pour le Développement (chef de file) -Comité National de Liaison des Régies de Quartiers (CNLRQ).

Nom des demandeurs (Organisations marocaines) :

- Réseau Carrefour Associatif.

Partenaires locaux :

- Les associations membres du Carrefour Associatif (les associations AMAPPE, Amal, Oued Srou, Mouvement Twiza, AMSED).

Groupes cibles :

- Quatre groupes de 20 jeunes représentatifs de la population jeunesse des territoires d'intervention : 80 jeunes (de 18 à 30 ans).

Bénéficiaires finaux :

- L'ensemble des jeunes des quatre territoires d'intervention, leur famille, leur entourage ;

- Les jeunes, les populations et les autorités publiques des territoires d'intervention ;

- les associations membres du Carrefour Associatif ;

- Les acteurs de développement au Maroc.

Principales activités :

- Mettre en place la coordination centrale du projet ;

- Initier le projet dans les quatre territoires cibles ;

- Mettre en place les quatre conseils jeunesse du territoire et leurs travaux ;

- Mettre en place le *Forum des Conseils Jeunesse du Territoire ;*

- Mettre en œuvre les quatre *plans d'actions jeunesse du territoire ;*

- Capitaliser le projet en vue de l'édition du guide « le jeune et sa citoyenneté » et du rapport d'expérience.

Annexe 4 : La charte d'honneur, pour la participation des jeunes à la gestion de la chose publique, qui a été élaborée par les jeunes de la province de Jerada

Présentation

Le Pacte d'honneur pour la participation des jeunes, est l'aboutissement d'une dynamique civile que le Programme concerté Maroc a enclenché afin de mettre en œuvre les recommandations issues de l'appel des jeunes du Programme, lui-même synthèse des 4 conférences régionales et de la conférence nationale sur « quelle implication des jeunes dans la gestion de la chose publique locale ? ». L'objectif en était de renforcer l'approche participationniste de cette tranche importante de la population qu'est la jeunesse.

L'appel des jeunes se réfère à 3 thèmes :

- Démocratie et état de droit
- Gouvernance économique
- Environnement

Il se réfère également aux synthèses des 2 universités organisées dans le cadre du pôle citoyenneté et accès au droit. Universités conçues comme autant d'espaces de concertation dédiées à la jeunesse marocaine, et dont l'objectif premier est d'instaurer des mécanismes d'accompagnement des jeunes marocains à être acteurs engagés dans le développement humain solidaire.

Le pacte d'honneur, vise - à travers les jeunes du programme, vis-à-vis de leurs pairs-, à réfléchir sur les mécanismes et les modalités de mise en œuvre de la participation citoyenne des jeunes au niveau de leur quartier, de leur Douar à l'occasion des élections de juin 2009.

Le changement et les évolutions que connait le Maroc dans le renforcement de démocratie et de la modernité émanant de la volonté royale déclarée et mise en place par le gouvernement afin de considérer comme prioritaire, toute planification stratégique ou politique publique spécifiques à la Jeunesse.

L'état aujourd'hui est appelé à revisiter ses stratégies par rapport aux problématiques de la jeunesse.

Le Maroc connait toujours un déficit dans ce cadre.

Les modifications introduites dans la nouvelle charte communale font de la collectivité un espace de concertation promouvant la proximité comme approche et condition sine qua non d'un développement social équitable.

Les collectivités locales sont appelées à travailler selon une stratégie globale et intégrée ayant pour objectif de porter les valeurs, et y faire adhérer la jeunesse en mettant en exergue l'approche pédagogique, l'intégration sociale et les activités socioculturelles et scientifiques afin de prémunir les jeunes des dérives et des extrémismes. Cela ne peut « ETRE » que grâce à la promotion de la concertation, du dialogue, de l'information et de la communication.

Principes généraux :

- Égalité
- Respect mutuel
- Reconnaissance de l'autre, Rejet de l'exclusion.
- Dialogue
- Coresponsabilité
- Entraide (Solidarité?)
- Démocratie
- Égalité des chances
- Transparence.

Engagements:

Considérant les constats et afin de promouvoir les principes précités tout en veillant à l'atteinte des objectifs du 3e millénaire, nous demandons aux élus :

Concernant le volet **DEMOCRATIE ET ETAT DE DROIT** :

- Garantir l'information et la communication continue avec la population en général et des jeunes en particulier.
- Faire participer les associations de jeunesse dans l'élaboration du plan communal du développement économique et social de la collectivité locale.
- Renforcer le partenariat égalitaire avec les associations de jeunes.

Concernant la **GOUVERNANCE ECONOMIQUE :**

1. Instaurer les mécanismes de participation des jeunes dans l'élaboration des budgets ainsi que dans le suivi et le contrôle des dépenses publiques.
2. Rendre à la collectivité locale, son rôle d'espace de concertation et d'encouragement des jeunes, en leur permettant de bénéficier des opportunités de développement social et économique vers l'amélioration, de leurs conditions de vie.
3. Faire de la collectivité locale un acteur légitime, pour l'instauration auprès de la jeunesse, de la culture du respect de l'environnement et de la bonne santé

Concernant l'**ENVIRONNEMENT** :

- Faire de la collectivité locale une institution publique œuvrant à instaurer une culture de protection de l'environnement et de préservation de la santé des jeunes.

<u>En qualité de :</u>

Signature :

Annexe 5 : Répartition du cofinancement des trois projets du PCM

- PCP Jerada:

Partenaires du Projet	Budget en dirhams	Pourcentage
PCM	85 768.20	68%
ADS	9850.00	8%
Association Gafait	5500.00	4%
Association Zraig	5500.00	4%
Association Isaaf	5500.00	4%
CR Gafait	5000.00	4%
CU Jerada	5000.00	4%
CR Guenfouda	5000.00	4%
BUDGET TOTAL	**127 118.20**	**100%**

- Projet Cré'Acteurs:

Partenaires du Projet	Budget en Euros	Pourcentage
PCM	93 500.00	45%
INDH	30 000.00	15%
Ministère du Développement Social	20 000.00	10%
Valorisations	35 000.00	17%
ANAPEC	14 490.00	7%
CEFIR	08 690.00	4%
Électriciens Sans Frontières	05 000.00	2%
Budget Total prévu	**203 300.00**	-
Budget Total réalisé	**206 680.00**	**100%**

- Projet JTC:

Partenaires du projet	Budget en Euros	Pourcentage
PCM	146 238.00	48%
CCFD	102 291.00	34%
Valorisations	44 327.00	15%
Entraide Nationale	8000.00	3%
Budget Total	**300 856.00**	**100%**

Bibliographie

1. Les Ouvrages :

- BOURQIA Rahma, *Jeunesse estudiantine marocaine Valeurs et stratégies*, Publications de la Faculté des Lettres et des sciences Humaines de Rabat, 1995, 127 p.

- Centre d'études internationales, collectif, *Une décennie de réformes au Maroc*, KARTHALA, 2010, 426 p.

- COUSIN Lucien, *Mieux faire société ensemble (la contribution des Programmes Concertés Pluri-Acteurs à une rénovation du dialogue entre société civiles et pouvoirs publics)*, 96 p.

- IKKEN Aissa, *Les organisations de jeunesse au Maroc*, AL ASAS, 1999, 151 p.

- Le Maroc possible, collectif, « *Rapport du Cinquantenaire* » 2006, *288* p.

- MERNISSI Fatima, *A quoi rêvent les jeunes*, MARSAM, 2008, 190p.

- VILLEVAL Philippe (Handicap International) et LAVIGNE Philippe (Groupe de Recherche et d'Echanges Technologiques), Capitalisation des expériences, Comment passer de la volonté à l'action, *Traverses n°15*, 2004, 49 pages.

2. Les Rapports :

- Rapport de l'Agence Internationale du Développement Economique et Social, Les besoins des jeunes en formation et en services financiers, 2008.

- Rapport du Ministère de l'économie et des finances, l'année budgétaire 2011.

- Rapport national dur le Développement Humain, 2007.

- Rapport national, Alphabétisation des adultes, Direction de la lutte contre l'Analphabétisme, 1997-2003.

- Rapport de la Direction des études et des prévisions financière, La décennie des réformes et du progrès, 2009.

- Rapport du PNUD, Femmes et Dynamiques du Développement, 2005.
- Rapport 50 ans de Développement Humain au Maroc, Hassan Rachik, Jeunesse et Changement Social, 2006.

- Rapport FNUAP, Approche Communautaire Jeune pour Jeune, mai 2007.

- Séminaire de Paris, Enjeux généraux du débat sur le Cofinancement ONG, décembre 2004.

- Bulletin Mensuel d'Information de l'Institut National d'Etudes Démographiques, Populations et Sociétés, n° 359, juillet-Août 2000.